Dedico este libro a todas las mujeres maravillosas, con especial cariño a mi mamá y a mi amiga Inés de Viaud, artista extraordinaria y gran servidora de Dios.

Quiero agradecer al padre Pedro García, cmf, quien me ayudó a revisar este texto y sobre todo al Espíritu Santo, quien me inspiró el contenido de este libro. Es mi oración que así como me ayudó pueda ayudar y acompañar a todas las mujeres que comienzan esta increíble aventura de amor y fe como protagonistas del Plan de Dios.

Mujer,
¡estás en el
plan de Dios!

Mujer,
¡estás en el
plan de Dios!

Cuarta Edición, 2014.
® 2012 por ESPO Editores, S.A. de C.V.
Citas bíblicas tomadas de la Santa Biblia,
Nueva Versión Internacional ® NVI®
Propiedad literaria© 1999 por Biblica, Inc.TM
Usado con permiso. Reservados todos los derechos
mundialmente.

Contenido

Prólogo

¿Qué puede hacer que una mujer que no ha tenido una preparación formal en teología o en Seminario Bíblico pueda escribir un libro como este? La respuesta es solo una: ¡El Espíritu Santo!

Desde pequeña comencé mi búsqueda de Dios en diferentes sitios: iglesias, filosofías y religiones. Un buen día, cuando comprendí que necesitaba cambiar, Él me encontró. Desde ese momento hasta ahora, ha sido una aventura maravillosa y puedo confirmar que mi vida no ha sido igual.

Después de ese primer encuentro, mi vida ha pasado por diversas etapas, he crecido, me he transformado y conforme camino con Él e intento seguir sus pasos, me doy cuenta que todavía me falta mucho, que realmente caminar con Dios es una travesía constante, en la que encontramos a veces muy buen tiempo y podemos avanzar, sin embargo, a veces hay obstáculos que retrasan el progreso y a veces nos llevan un poco atrás, es decir, es un continuo aprendizaje, que probablemente terminará cuando estemos frente a Él en su Gloria.

Hay que prepararnos para esta relación con Dios pues hay momentos de profundo amor donde sentimos ese abrazo y cariño especial manifestado a nuestra vida, también hay instantes en los que parece que nos ha olvidado y sentimos una completa soledad y tristeza... pero cuando aprendemos a dejar los sentimientos y las emociones para caminar en fe, con convicciones, cuando nos salimos de nuestra "barca", en ese momento nuestra vida se encauza y tiene un completo avance.

Este libro refleja ese caminar, nació porque hace algunos años compré un apartamento en un edificio muy bonito, pero de alguna forma se comenzaron a dar algunos problemas entre los inquilinos, pensé que lo que sucedía es que no habíamos ofrecido el edificio a Dios, por lo que invité a mis vecinas a una reunión de oración por los apartamentos y por aquellos que vivíamos ahí. Al terminar la reunión una invitada preguntó ¿cuándo lo repetimos? Así nació una reunión semanal de oración. Dios me regalaba un tema para compartir cada semana. Este libro es una recopilación de los primeros mensajes que Dios a través de su Santo Espíritu dictó a mi corazón para guiar a esas mujeres que comenzaban a conocerlo.

Quiero aclarar que escribí este libro y recibí esos mensajes porque le dije sí a Dios y estuve dispuesta a servirle, ya que como tú estoy en el mismo camino del aprendizaje y soy el resultado de su inmensa misericordia y gracia. Fui el instrumento que Dios usó para llegar a esas lindas mujeres y ahora estoy segura que usará este libro para alcanzar a más mujeres excepcionales a las que ama profundamente y que desea que lo conozcan para poder bendecirlas. Si este libro está en tus manos nunca dudes de su inmenso amor por ti.

Querida amiga, cuando Jesucristo llega a nuestra vida, comenzamos una aventura maravillosa, espero que estas páginas puedan guiar tus primeros pasos de ese camino, de esa relación y que sea de bendición para tu vida. Este libro está lleno de amor por ti. Recíbelo como lo que es, un regalo de amor directamente del Corazón de Dios al tuyo.

Primera Parte
Cuando Dios nos llama

Esta primer parte es lo que podríamos denominar como "El primer llamado de Dios para nosotras", cuando Dios llega a nuestra vida por primera vez y comenzamos a conocerlo y a creer en Él.

Estos capítulos hablan del amor de Dios, de su perdón, de su misericordia. Poco a poco vamos a descubrir cómo nos espera para que lo busquemos, para que tengamos una cita diaria con él. También vamos a poder ordenar adecuadamente las prioridades de nuestra vida y conforme vayamos aprendiendo y conociendo más de Dios, vamos a ir incrementando nuestra fe y aprendiendo que la fe agrada al Señor.

Los dos últimos capítulos de esta primera parte nos van a revelar como Dios nos ha escogido para una misión especial y la forma en la que podemos realizarla.

Sin embargo, el objetivo principal de esta parte es que dispongamos nuestro corazón para escuchar la voz de amor de Dios, que aceptemos a Jesucristo como nuestro Señor y Salvador, comprendiendo el sacrificio de amor que hizo por todas, en especial por ti y finalmente, que nos decidamos a tener una relación con Él.

Capítulo I

Dios nos ama

Hay un Dios de amor, que nos ama tanto que dio a su Hijo Unigénito (único) para que todos los que creyeran en Él tuvieran vida eterna (Juan 3, 16)... Sin embargo, a veces lo que yo llamo "ruido" o interferencia en las comunicaciones, no nos deja escuchar bien la voz de amor de Dios. ¿Por qué?

Dios nos dice cosas como: "Desde que estabas en el vientre de tu madre yo te formé y te di un nombre: mío eres tú"[1], imagínate, Dios te dice que tu nombre es un nombre de pertenencia para Él. "Porque te amo y eres ante mis ojos preciosa y digna de honra"[2], "Con amor eterno te tendré compasión"[3] y tantas cosas hermosas más que podemos leer a lo largo de la Biblia, pero ¿por qué estos mensajes no llegan a nuestras mentes y corazones?

He encontrado dos razones principales: la primera, los afanes de esta vida, las preocupaciones, las ocupaciones. Veamos este pasaje para que podamos comprender mejor este enunciado; se halla en el evangelio de Lucas 10,38-42.

"Mientras iba de camino con sus discípulos, Jesús entró en una aldea, y una mujer llamada Marta lo recibió en su casa. Tenía ella una hermana llamada María que, sentada a los pies del Señor, escuchaba lo que Él decía.

Marta, por su parte, se sentía abrumada porque tenía mucho quehacer. Así que se acercó a él y le dijo: -Señor, ¿no te importa que mi hermana me haya dejado sirviendo sola? ¡Dile que me ayude! -Marta, Marta -le contestó Jesús-, estás inquieta y preocupada por muchas cosas, pero sólo una es necesaria. María ha escogido la mejor, y nadie se la quitará".

"Marta, Marta... estás afanada, pero sólo una cosa es necesaria..." Quisiera que pensáramos en qué situaciones o cosas en nuestra vida, hacen que nos afanemos y no escuchemos la voz de Dios, que no tomemos tiempo para sentarnos "a sus pies" a escucharlo.

"... Tenía ella una hermana llamada María que, sentada a los pies del Señor, escuchaba lo que Él decía".

¿Qué problema estamos pasando?, ¿quiénes nos estorban para escuchar su voz?, ¿cuál es la prioridad en nuestra vida en este momento?, ¿en qué utilizamos la mayor parte de nuestro tiempo?

Es importante que sepamos que cuando decidimos venir a Jesús y escucharle, tenemos su promesa que "no seremos quitadas". Es decir, Él mismo nos va a defender para que nada ni nadie se interponga entre sus palabras y nosotras; en esta relación entre Él y nosotras; así, podemos estar tranquilas y continuar a sus pies escuchándolo, tal como lo dice la lectura.

Me parece que la segunda razón por la que no podemos interiorizar los mensajes de amor que Dios nos envía a diario, es por el pasado y por las voces negativas que nos rodean. A veces, el enemigo (el diablo) a través de comentarios de personas nos dice lo que no somos, o lo que no podemos lograr, por ello a veces consigue confundirnos y nos hace sentir inseguras, sucias, como que no hemos sido perdonadas por nuestros errores y por lo tanto, que no podemos acercarnos confiadamente a Jesús. Muchas veces nos hace creer que no podremos obtener el amor de Dios, que solo algunas personas pueden tenerlo, y así comenzamos a ver y a percibir a un Dios lejano, distante.

Pero eso no es cierto, Dios nos dice: "Al que a mí viene, no lo rechazo."[4], Es como si nos dijera: Si supieras cuánto te amo, no tendrías que mendigar amor... Él nos quiere amar. Acerquémonos confiadamente a sus brazos.

Para que creamos esto, veamos el amor y la atención de Dios a cada persona y a cada necesidad, a través de este hermoso pasaje que encontramos en Marcos 10,46-52.

"Después llegaron a Jericó. Más tarde, salió Jesús de la ciudad acompañado de sus discípulos y de <u>una gran multitud.</u> Un mendigo ciego llamado Bartimeo, el hijo de Timeo, estaba sentado junto al camino. (Subrayado de la autora).

Al oír que el que venía era Jesús de Nazaret, se puso a gritar: –¡Jesús, Hijo de David, ten compasión de mí!

Muchos lo reprendían para que se callara, pero él se puso a gritar aún más: –¡Hijo de David, ten compasión de mí!

Jesús se detuvo y dijo: –Llámenlo. Así que llamaron al ciego. –¡Ánimo! -le dijeron-. ¡Levántate! Te llama.

Él, arrojando la capa, dio un salto y se acercó a Jesús.

–¿Qué quieres que haga por ti? -le preguntó-. –Rabí, quiero ver - respondió el ciego.

–Puedes irte -le dijo Jesús-; tu fe te ha sanado. Al momento recobró la vista y empezó a seguir a Jesús por el camino".

Quise destacar la palabra multitud, pues si alguna vez llegamos a creer cosas como las que nos dicen que Dios está muy ocupado, ahí tenemos a Jesús en medio de sus discípulos y de <u>una gran multitud,</u> pero fue capaz de escuchar a alguien con una necesidad, con un problema que lo llamaba.

Talvez ese ciego podría haber pasado inadvertido para ti y para mí, pero no para nuestro Dios de amor.

Este es realmente uno de los pasajes más hermosos de la Biblia, donde Jesús nos muestra que siempre van a haber voces de personas o situaciones que nos quieran hacer sentir mal, que nos acusen o que nos hagan creer que no podemos llegar hasta donde está Él, que no alcanzaremos nuestros sueños, nuestros deseos, nuestros anhelos, que el amor de Dios es para pocos. Si leemos detenidamente el pasaje, dice que "muchos lo reprendían para que se callara". Esto siempre va a suceder, siempre va a haber alguien que nos diga que no podemos, que no sabemos, que Dios no escucha, que no responde, que nunca hemos hecho nada bueno, etc. Si logramos sobrepasar esas barreras negativas y dejamos de creer a los demás cuando nos hablan así y comenzamos a creerle a Dios, que nos dice todo lo contrario, que nos dice que nos ama, que nos creó para que fuéramos tal como somos, que tiene planes y sueños con nuestra vida, entonces, y solo entonces, vamos a poder recibir todo su amor y misericordia.

Desde que intentamos hablarle por primera vez, Él ya nos ha escuchado, aunque no sepamos qué decir o cómo hacerlo, recordemos que puede leer nuestras mentes y corazones. Dice la Biblia en el Salmo 139,4 que la palabra no está aún en nuestra boca, cuando él ya la ha escuchado. Solo si nos decidimos a ignorar esas voces o situaciones negativas y a llamar a Jesús de corazón, a gritarle, a dar voces tras de Él, Jesús se detiene, nos manda a llamar y con su tierna voz nos dice: -¿Qué quieres que haga por ti?

Jesús es Dios y puede ver nuestra necesidad, puede ver nuestro dolor, pero quiere que le digamos qué es lo que queremos... ¿Por qué? Porque a Él le importa lo que queremos.

Pensemos en Jesús como el productor de la película de nuestras vidas, sabe como tal, lo que nos conviene y lo que no, pues tiene el guión completo, mientras nosotros solo vemos escenas; pero aún así, tiene la gentileza y la caballerosidad de preguntarnos: ¿qué queremos? porque nuestros deseos, nuestros pensamientos, nuestras necesidades le interesan. Él nos ama tanto que fue capaz de dar su vida por nosotras, ¿y no nos podrá dar entonces lo que nuestro corazón anhela tanto?

Pido de forma especial que hagamos un ejercicio, que pensemos por un momento que estamos frente a Jesús. Todo lo que impedía llegar a su presencia se ha ido (afanes, problemas, etc.), también han desaparecido las personas que siempre dicen cosas negativas. Ahora estamos solas con Jesús. Es una experiencia única y nos hace la pregunta más increíble: ¿qué quieres que haga por ti? Imagínate sola con Él, piensa cómo responderías.

Nuestros deseos, nuestros pensamientos, nuestras necesidades le interesan a Jesús. Él nos ama tanto que fue capaz de dar su vida por nosotras, ¿no podrá darnos entonces lo que nuestro corazón anhela tanto?

En oración digámosle lo que necesitamos, lo que soñamos, lo que anhelamos. Recordemos que Él se detuvo porque escuchó nuestro dolor, nuestra necesidad, nuestra voz clamándole y pidió que llegáramos a su presencia. Este día tenemos esa increíble oportunidad, ¿qué le vamos a decir?

Este es el momento más importante de nuestra vida: estamos con Él. Jesús nos buscó, acerquémonos confiadamente y abrámosle nuestro corazón... Si nunca hicimos esta oración, hoy es el día de nuestra salvación, del perdón de nuestros pecados y del inicio de una nueva vida en Cristo Jesús.

Repitamos esta oración:
Señor Jesucristo, perdona mis pecados, quiero aceptarte como mi Salvador y mi Señor, ven a morar en mí, te abro mi corazón y mi mente.

Si hicimos esta oración él nos acogerá, por que nos ama. Nadie nunca nos podrá amar de la manera que Dios nos ama. Su amor, es el mejor regalo que nos pueden dar en la vida. Aceptemos su amor con gozo, con humildad y con agradecimiento.

Si continuamos leyendo este Libro descubriremos cuán grande, inimaginable e incomprensible es el amor de nuestro Dios.

¡Dios nos ama!

---

[1] Isaías 43,1b
[2] Isaías 43,4b
[3] Isaías 54,8b
[4] Juan 6,37b

Capítulo II

Dios nos espera

Con el capítulo anterior conocimos el inmenso amor de Dios e hicimos una oración para recibir a Jesucristo como nuestro Señor y Salvador y quizás nos estemos preguntando ¿qué sigue?, ¿qué hacer?, ¿cuál es el siguiente paso? La respuesta es: debemos conocer más de nuestro Dios y dedicarle un espacio de nuestro día para conversar con Él, como si tuviéramos una cita, un tiempo especial en el que podrá hablar a nuestros corazones y guiarnos en este nuevo camino de vida.

Pensemos que cada mañana Dios hace que salga el sol: es una de las primeras llamadas que recibimos para poder darle los buenos días y comenzar bien nuestro día en sintonía con Él. A veces, más romántico nos envía un poco de lluvia, hojas que nos saludan en el viento o un poco de nieve y espera paciente para que le preguntemos lo que nos espera y le pidamos su guía o simplemente, quiere que le contemos algo y que le abramos nuestro corazón, como lo haríamos con nuestro papá, con nuestro mejor amigo o con nuestro esposo.

Dios nos quiere hablar cada día, nos quiere bendecir, pero la mayor parte de esas bendiciones se pierden porque ni siquiera las pedimos...

Veamos esta afirmación con esta historia que encontré en el libro la Oración de Jabes del autor Bruce Wilkinson, el autor nos habla del señor Pérez cuando llega al cielo y más o menos cuenta que iba caminando con San Pedro por el cielo y veía muchas cosas interesantes, en eso se percató que había un edificio, con muchos archivos adentro, San Pedro trató de disuadir al Señor Pérez para que no entrara y viera su expediente, pero todo esfuerzo fue en vano, cuando lo vio, rompió a llorar y le dijo San Pedro es lo que les sucede a todos. ¿Por qué lloró? porque ahí estaban escritas todas las bendiciones que Dios quería darle diariamente, que simplemente se habían perdido por no reclamarlas. Aunque es una historia, pensemos por un momento que no debemos dejar que nos suceda lo mismo, recordemos pedirle diariamente a Dios las bendiciones que tiene para nosotras, para nuestra familia y para nuestro trabajo o estudios. Pidamos también sabiduría para saber enfrentar los retos que se nos puedan presentar.

Dios envió a su hijo Jesucristo a morir por ti y por mí, para ya no ser un juez en nuestras vidas, sino un padre amoroso.

Es importante que sepamos que Dios quiere ayudarnos en todos los aspectos de nuestra vida, pero primero quiere que lo conozcamos; desea enseñarnos cosas grandes y maravillosas que no conocemos[5] para después guiar nuestros pasos.

Si nos tomamos un tiempo para leer la Biblia, para escuchar prédicas, para ir a la Iglesia, vamos a comenzar a conocerlo mejor. Si dedicamos un tiempo especial para hablar con Él, poco a poco nos va a ir guiando y vamos a ir educando el oído para escuchar su voz.

Por ejemplo, si yo llamara a tu casa todos los días y dejara un mensaje en el contestador, llegaría un momento en que conocerías perfectamente mi voz y sabrías que soy yo quien llama, sin necesidad que te lo diga. Esto mismo nos pasa con Dios, si todos los días nos disponemos a escucharlo, con el tiempo sabremos lo que nos dice, podremos distinguir su voz cuando nos habla.

Recordemos que Dios nos ama y quiere que lo amemos. Ese es el mandamiento más importante. Envió a Jesucristo a morir por ti y por mí, para ya no ser un juez en nuestras vidas sino un padre amoroso. Así es como quiere que lo veamos, Él espera que lo busquemos y que dependamos día a día de Él, como la mayoría de nosotras dependíamos de nuestro papá terrenal cuando éramos pequeñas.

Ahora debo hacer algunas preguntas ¿nos gustaría que cada día Dios nos hablara? Más allá de eso, ¿nos gustaría que Dios guiara nuestros pasos?, ¿nos gustaría que Él se ocupara de nuestras cosas? por así decirlo ¿que peleara nuestras batallas?, ¿que resolviera nuestros problemas?

Debemos tener la certeza que Dios quiere hacerlo, pero necesita que le rindamos nuestra vida y que le entreguemos nuestros problemas, miedos, cargas... Cuando tomamos esa actitud de dependencia, confianza y fe, Él se ocupa de nuestras cosas. Esto talvez se comprenda mejor con esta ilustración que contó una vez un predicador, dijo que una persona estaba ahogándose y el salvavidas lo miraba, también un grupo de personas que estaba en el lugar, los que comenzaron a indignarse.

Primero le suplicaban que se tirara a salvarlo, luego el tono fue subiendo y casi lo tiran. Sin embargo, el salvavidas esperó pacientemente a pesar de la presión del grupo. Cuando vio que el hombre se había casi ahogado, se tiró, lo rescató, le dio los primeros auxilios y le salvó la vida. Cuando todo estaba más tranquilo les explicó a las personas: –Si me hubiera tirado cuando él todavía tenía fuerzas para luchar, me habría hundido y nos habríamos ahogado los dos. Tenía que esperar a que se rindiera para poder salvar su vida.

Muchas veces así está Dios observando tu vida y la mía, esperando pacientemente a que lo busquemos, a que nos rindamos y le dejemos nuestras cargas, nuestros problemas, nuestras dificultades, nuestras ansias, nuestros temores, nuestras dudas, nuestros sueños, para entonces, poder actuar.

Dios continúa haciendo milagros, continúa salvando vidas, continúa llevando paz a las personas y continúa diciéndonos que está ahí para cuando nos decidamos a tener una relación diaria de amor, de amistad, de padre a hija. Él nos espera a diario.

Probablemente estamos de acuerdo hasta aquí, ahora la pregunta es ¿cómo hacerlo? Bien, para comenzar es importante que programemos un tiempo diario para esta cita, de preferencia a la misma hora, en secreto, donde podamos contarle todo lo que queremos y que al final dejemos un espacio en silencio para disponer nuestro corazón a escucharlo. Al principio no vamos a saber qué decirle y nos podemos inquietar, pero poco a poco vamos a ir aprendiendo a conversar con Él y a escucharlo.

Dios ve nuestra disposición y escucha nuestro corazón. Nuestra oración no tiene que ser perfecta, digamos lo que nos salga del corazón, en forma sincera.

Talvez esta idea nos pueda ayudar: esa cita es con el creador del Universo, con quien nos formó, con quien nos puede dar todo lo que le pidamos, con quien puede resolver nuestros problemas. Si por ejemplo, tuviéramos una deuda grande y nos dieran la oportunidad de reunirnos con el presidente del banco, quien tiene el poder para borrar esa deuda ¿no tomaríamos un tiempo para preparar esa cita, para revisar lo que vamos a decirle? y por supuesto no cambiaríamos esa cita, más bien llegaríamos antes de la hora, ¿verdad? Bien, Dios es más grande que cualquier ejecutivo que conozcamos, más importante, por lo tanto debemos poner mayor atención a nuestra cita con Él, que a cualquier otra cosa. La Biblia dice: "Buscad primeramente el Reino de Dios y su justicia y todas las demás cosas les serán añadidas".[6]

Ahora debemos preguntarnos ¿cómo podemos conocer más a Dios? Como mujeres sabemos que cuando a uno le interesa alguien, un amigo, un novio... debemos averiguar sus gustos y preferencias para tener temas de conversación ¿no es cierto?, pongamos un poco de interés en conocer a Dios, podría ser a través de su Palabra, leyendo la Biblia, escuchando mensajes y prédicas, yendo a la Iglesia, entonando alabanzas, leyendo más libros y, sobre todo, disponiendo nuestra mente y corazón para escucharlo y para percibirlo en todo.

Si lo conociéramos bastaría con salir de casa y ver cómo nos ha preparado un cielo maravilloso, lleno de nubes con las que nos envía mensajes de amor. Podemos buscarlo en cada flor del camino, en cada sonrisa de un pequeño niño que nos mira y sonríe "porque si" (como dice Inés de Viaud en su alabanza "Mensajes de amor"), o en aquel gesto de caballerosidad que no esperábamos; en esa nota que nos dio tanto gusto recibir; en el

mensaje que nos enviaron y era justamente lo que esperábamos y que nos orientó en la forma dar alguna respuesta; en la llamada del amigo o de la amiga que teníamos tanto tiempo de no ver y nos invita a un café para conversar o en esas flores que recibimos inesperadamente. Esos son mensajes de amor que Dios prepara para nosotras.

Podemos detener unos minutos la rutina, el trabajo y decirle: Señor, ¡yo también te amo! No hay nada más hermoso que reforzar una relación diciendo "te amo".

De igual forma, podemos enviarle mensajes de amor a Él, por ejemplo, podemos detener unos minutos la rutina, el trabajo y decirle: Señor, ¡yo también te amo! No hay nada más hermoso que reforzar una relación diciendo "te amo".

Cuanto podamos, como podamos, busquemos a Dios en cada detalle y digámosle "yo también te amo".

Dediquemos tiempo para descubrir atributos o cualidades de Dios y así en nuestra cita digamos por ejemplo: "te amo porque eres lento para la ira y grande en misericordia", "te amo pues eres omnipotente y omnipresente", "te amo porque tú pensaste en mí desde antes de los tiempos, me formaste en el vientre de mi madre", "te amo porque tu amor dura por siempre", etc.

No importa
qué tan alejadas
nos sintamos,
qué tanto hayamos
desperdiciado
nuestra vida o
si pensamos que nos
hemos equivocado,
o pecado, que
estamos sucias...
Él siempre nos
espera.

En los Salmos, en los Proverbios, en realidad en cualquier libro de la Biblia encontramos muchas cualidades especiales de Dios por las cuales alabarlo, bendecirlo, amarlo... "Te amo Señor porque no te busqué yo, sino tú me buscaste primero". "Te amo porque me conduces por aguas tranquilas, de reposo y porque el bien y la misericordia me seguirán todos los días de mi vida"... Tomemos la Biblia y leamos algún Salmo, algún Proverbio y comencemos a practicar estas alabanzas.

Talvez podamos pensar que no somos "dignas" para poder hablar con Dios o para tener una relación de amistad, de amor con Él, de Padre a hija, que eso es solo para gente especial... Si en ocasiones llegamos a pensar esto, recordemos que Dios nos dice algo muy importante que Jesucristo no vino por justos sino por pecadores, que nos ama y nos espera. Quiero insistir en esto no importa qué tan alejadas nos sintamos, qué tanto creamos que hemos desperdiciado nuestra vida, si pensamos que nos hemos equivocado o pecado, que estamos sucias. Jesucristo contó esta historia que es muy conocida pero que en esas ocasiones deberíamos volver a ver, pero te invito para la leamos, cambiando el nombre del "hijo pródigo" por el nuestro (así cuando leamos cambiémosle el nombre, tú colocarás el tuyo y yo el mío)... así: "Un hombre tenía dos hijos -continuó Jesús-. El menor de ellos (tu nombre) le dijo a su padre: 'Papá, dame lo que me toca de la herencia.' Así que el padre repartió sus bienes entre los dos. Poco después el hijo menor (tu nombre) juntó todo lo que tenía y se fue a un país lejano; allí vivió desenfrenadamente y derrochó su herencia.

Cuando ya lo había gastado todo, sobrevino una gran escasez en la región, y él comenzó a pasar necesidad. Así que fue y consiguió empleo con un ciudadano de aquel país, quien lo mandó a sus campos a cuidar cerdos. Tanta hambre tenía que hubiera querido llenarse el estómago con la comida que daban a los cerdos, pero aun así nadie le daba nada. Por fin recapacitó y se dijo: '¡Cuántos jornaleros de mi padre tienen comida de sobra, y yo aquí me muero de hambre!' Tengo que volver a mi padre y decirle: Papá, he pecado contra el cielo y contra ti. Ya no merezco que se me llame tu hijo; trátame como si fuera uno de tus jornaleros.' Así que emprendió el viaje y se fue a su padre. Todavía estaba lejos cuando su padre lo vio y se compadeció de él; salió corriendo a su encuentro, lo abrazó y lo besó. El joven le dijo: 'Papá, he pecado contra el cielo y contra ti. Ya no merezco que se me llame tu hijo.' Pero el padre ordenó a sus siervos: '¡Pronto! Traigan la mejor ropa para vestirlo. Pónganle también un anillo en el dedo y sandalias en los pies. Traigan el ternero más gordo y mátenlo para celebrar un banquete. Porque este hijo mío (tu nombre) estaba muerto, pero ahora ha vuelto a la vida; se había perdido, pero ya lo hemos encontrado.' Así que empezaron a hacer fiesta.[7]

Esta parábola es una de las que más fielmente nos muestra el amor de Dios, no importa si nos equivocamos, no importa si nos ensuciamos, si desperdiciamos nuestro dinero o recursos, si por ignorancia o por algún vicio, perdimos alguna oportunidad o un hogar, hijos, esposos... No hay nada que hayamos hecho que nos impida obtener la misericordia, el perdón y el amor de Dios.

Si nos arrepentimos y le pedimos que nos perdone, Dios lo hará gustoso porque, así como el Padre de la parábola, Dios todos los días nos espera y cuando volvemos a su lado sale corriendo a nuestro encuentro y hace fiesta, nos entrega no sólo su perdón sino su incomparable e incomprensible amor.

Sé que esto es difícil de creer, suena como algo "demasiado bueno para ser cierto", porque estamos acostumbradas a que si nos equivocamos, si hacemos algo mal debemos recibir un castigo. Pero debemos pensar que el castigo que nos correspondía lo asumió Jesucristo.

Cuando le abrimos el corazón haciendo la oración y lo recibimos en nuestro corazón como nuestro Señor y Salvador, Él perdonó nuestros pecados y sanó nuestra vida. Somos una nueva persona para Dios y el pasado simplemente queda en el pasado. Créelo, tu vida y mi vida, valen la sangre de Jesús, su sacrificio. Él nos ama.

No tengamos miedo de llegar ante Él, la Biblia dice en Hebreos 4,16 que nos acerquemos confiadamente al trono de su Gracia.

Dios nos ama, nos quiere perdonar, ayudar y bendecir. Reunámonos a diario con Él y continuemos leyendo este libro para que Dios siga hablándonos a nuestro corazón.

¡Dios nos espera!

---

5 Jeremías 33,3
6 Mateo 6,33
7 Lucas 15,11-23

Capítulo III

Dios nos perdona

En los capítulos anteriores hablamos del amor de Dios y de cómo nos espera. Aprovechando esta recapitulación, quiero hacer una pequeña sugerencia para que saquemos más provecho a este libro, sería ideal que vayamos poniendo en práctica lo que leemos. Es decir, que comencemos a tener una cita con Dios, que comprendamos que nos ama profundamente y así, lo que vayamos aprendiendo, tratemos de ponerlo en práctica para que comencemos ya nuestro camino con Jesús. En este capítulo exploraremos un tema crucial en nuestra relación con Dios: el perdón.

En realidad, una gran barrera por la que no podemos orar y tener una relación armoniosa con nuestro Creador es la falta del perdón hacia los demás, hacia nosotras mismas o hacia el mismo Dios. Muchas veces inclusive creemos que no puede perdonar nuestras faltas, pero en realidad, las que no podemos perdonar somos nosotras. Leamos un poco más para ver en qué etapa del perdón nos hemos detenido y lo importante que es esto para nuestra sanidad interior y exterior, ya que se cree que algunas enfermedades tienen su origen en la falta de perdón.

Arrepentimiento para obtener el perdón de Dios

En algunas ocasiones nos sentimos sucias, pequeñas y no merecedoras de la gracia de Dios. Si así nos sentimos, quiero que recordemos que no importa qué tan grande sea nuestro pecado, la misericordia de Dios es aún más inmensa para perdonarnos. Dios nos la da si nos arrepentimos de todo corazón, si le confesamos nuestras faltas y le pedimos su perdón.

Dios nos perdona, Jesucristo ya pagó por tus errores y por los míos, se subió a una cruz hace más de 2,000 años para que pudiéramos recibir el perdón de nuestros pecados. Para que lo viéramos como un padre no como un juez.

Pensémoslo, Él estaba allá arriba clavado, muchas personas se burlaban, muchos lo ignoraban, como tú y yo lo ignoramos cuando seguimos cargando nuestros pecados pasados y no nos damos cuenta que ya pagó por ellos, que podemos ser libres. Pero Él sí sabía porqué estaba ahí, por quién extendía sus brazos. No dudo que en su agonía haya visto tu rostro y el mío, por eso soportó tan heroicamente el dolor, por eso entregó su vida, pues estaba entregándonos un futuro de gracia, de amor, de misericordia y de perdón eterno, es decir una oportunidad de vida o muchas.

"Si ella ha amado mucho es que sus muchos pecados le han sido perdonados. Pero a quien poco se le perdona, poco ama".

¿Qué pasa con los errores o pecados presentes y futuros?, cuando aceptamos a Cristo somos perdonadas, pero eso no quiere decir que nos volvemos santas, pero sí que comenzamos una nueva vida, en la que tendremos tropiezos, intentaremos y talvez, caigamos o nos equivoquemos, pero si nos arrepentimos de corazón y le pedimos perdón, debemos tener la certeza que Él nos perdona y nos perdonará las veces que sea necesario.

Pero hay que tener un genuino arrepentimiento. Hay una historia en la Biblia, donde podemos verlo claramente, este pasaje se encuentra en el Evangelio de Lucas 7,36-50 "Uno de los fariseos invitó a Jesús a comer, así que fue a la casa del fariseo y se sentó a la mesa. Ahora bien, vivía en aquel pueblo una mujer que tenía fama de pecadora. Cuando ella se enteró de que Jesús estaba comiendo en casa del fariseo, se presentó con un frasco de alabastro lleno de perfume. Llorando, se arrojó a los pies de Jesús, de manera que se los bañaba en lágrimas. Luego se los secó con los cabellos; también se los besaba y se los ungía con el perfume.

Al ver esto, el fariseo que lo había invitado dijo para sí: 'Si este hombre fuera profeta, sabría quién es la que lo está tocando, y qué clase de mujer es: una pecadora.'

Entonces Jesús le dijo a manera de respuesta: –Simón, tengo algo que decirte. -Dime, Maestro -respondió. -Dos hombres le debían dinero a cierto prestamista. Uno le debía quinientas monedas de plata, y el otro cincuenta. Como no tenían con qué pagarle, les perdonó la deuda a los dos. Ahora bien, ¿cuál de los dos lo amará más? –Supongo que aquel a quien más le perdonó -contestó Simón. –Has juzgado bien -le dijo Jesús.

Luego se volvió hacia la mujer y le dijo a Simón: –¿Ves a esta mujer? Cuando entré en tu casa, no me diste agua para los pies, pero ella me ha bañado los pies en lágrimas y me los ha secado con sus cabellos. Tú no me besaste, pero ella, desde que entré, no ha dejado de besarme los pies. Tú no me ungiste la cabeza con aceite, pero ella me ungió los pies con perfume. Por esto te digo: si ella ha amado mucho, es que sus muchos pecados le han sido perdonados. Pero a quien poco se le perdona, poco ama.

Entonces le dijo Jesús a ella: –Tus pecados quedan perdonados. Los otros invitados comenzaron a decir entre sí: '¿Quién es éste, que hasta perdona pecados?' –Tu fe te ha salvado -le dijo Jesús a la mujer-; vete en paz".

Pensemos en esto: al que se le perdona mucho, ama mucho... Así, quizás los más amantes de Jesús, somos aquellos a los que nos perdonó o nos perdona grandes faltas. ¿Qué fue lo que hizo que Jesús perdonara a esa mujer? No fue que derramara un perfume caro, sino que trajo lo mejor que tenía y lo derramó delante de Él. Derramó su perfume y su corazón con lágrimas genuinas de arrepentimiento. Todos ahí la criticaron, pero Jesús, con su misericordia, no sólo la defiende si no la perdona, además, le dice "vete en paz, tu fe te ha salvado".

Esa es la seguridad que debemos tener, que si nos arrepentimos de corazón nos perdonará, sea cual sea la falta que hayamos cometido.

Si esto no fuera cierto, ¿cómo podría decir Dios que David fue un hombre conforme a su corazón? y literalmente, le dice a Salomón: "Y si anduvieres en mis caminos, guardando mis estatutos y mis mandamientos, como anduvo David tu padre, yo alargaré tus días..."[8]

¿David?, culpable de adulterio, autor intelectual de un homicidio... pero, Dios dice que anduvo en sus caminos y que guardó sus mandamientos... ¿Por qué? porque David se arrepintió de corazón y ese pecado, no estuvo más delante de los ojos de Dios.

Leamos este pasaje que encontramos en 2a. Samuel 12,13 "¡He pecado contra el Señor! reconoció David ante Natán. El Señor ha perdonado ya tu pecado, y no morirás contestó Natán". "El Señor ha perdonado ya"... Nota que Natán habla en pasado.

Ahora mira lo que escribe David en el Salmo 103, 10-13
"No nos ha tratado según nuestros pecados,
Ni nos ha pagado conforme a nuestras iniquidades.
Porque como están de altos los cielos sobre la tierra,
Así es de grande Su misericordia para los que Le temen (reverencian).
Como está de lejos el oriente del occidente,
Así alejó de nosotros nuestras transgresiones.
Como un padre se compadece de sus hijos,
Así se compadece el Señor de los que Le temen".

"Como están de alto los cielos sobre la tierra... Como está de lejos el oriente del occidente...Así de grande es su misericordia", ese es nuestro Dios, un padre perdonador, amoroso, comprensivo. Por favor, seamos humildes y aceptemos su perdón, creamos que es capaz de hacerlo, ya no carguemos más con el pasado con culpas que ya no nos deben seguir. Sepamos que no somos perfectas y que nos vamos a equivocar, pero no "nos descalifiquemos" de la vida cristiana o de la cercanía o servicio para Dios por nuestros errores o pecados.

Arrepintámonos, confesemos nuestro pecado y recibamos su perdón, su gracia. "Si confesamos nuestros pecados, El es fiel y justo para perdonarnos los pecados y para limpiarnos de toda maldad (iniquidad)", nos dice San Juan en su primera carta en el capítulo uno versículo nueve.

Setenta veces siete

Ahora, es hermoso que Dios nos perdona, pero... y nosotras, con nuestros hermanos, amigos o personas que nos han ofendido o que nos ofenden ¿qué debemos hacer? pues, aunque debamos respirar profundamente, intuimos la respuesta: per-do-nar-los, perdonarlos, PERDONARLOS. Recordemos cuando Pedro se acercó a Jesús para preguntarle "¿cuántas veces perdonaré a mi hermano que peque contra mí? ¿Hasta siete?" y la respuesta de Jesús es ampliamente conocida, "No te digo hasta siete, si no hasta setenta y siete veces!"[9].

"Porque si perdonan a otros sus ofensas, también los perdonará a ustedes su Padre celestial. Pero si no perdonan a otros sus ofensas, tampoco su Padre les perdonará a ustedes las suyas".

De igual forma tenemos esta instrucción en Mateo 6,9-15 "Ustedes deben orar así: Padre nuestro que estás en el cielo, santificado sea tu nombre, venga tu reino, hágase tu voluntad en la tierra como en el cielo. Danos hoy nuestro pan cotidiano. Perdónanos nuestras deudas, <u>como también nosotros hemos perdonado a nuestros deudores</u>. Y no nos dejes caer en tentación, sino líbranos del maligno.

Porque si perdonan a otros sus ofensas, también los perdonará a ustedes su Padre celestial. Pero si no perdonan a otros sus ofensas, <u>tampoco su Padre les perdonará a ustedes las suyas</u>". (subrayado de la autora).

Perdonar es una decisión, humanamente es muy difícil, pero con Dios todo es posible.

Más claro no nos lo puede decir, en otras palabras: lo que recibimos por gracia, debemos darlo por gracia.[10] Si nos han perdonado, nosotros también debemos perdonar.

Una cuestión muy importante, perdonar es una decisión, humanamente es muy difícil hacerlo, pero con Dios sí se puede. Dios sólo espera que tomemos la decisión sincera de perdonar a alguien, luego Él pone en nosotros la fuerza, el poder y el amor suficiente para lograrlo. Quiero contar una historia real que sucedió en mi grupo de oración, una amiga testificó una vez que ella no podía perdonar a la mujer con la que su marido había tenido una aventura, pues la había hecho sufrir mucho.

En cualquier lugar donde se la encontrara se detenía y le decía lo que esta mujer se merecía, le gritaba, la humillaba y en pocas palabras le hacía una escena. Cuando vimos este tema, ella tomó la decisión de perdonarla. Poco tiempo después se la encontró y en esa ocasión, siguió de largo y ya no le dijo nada. Con esa decisión experimentó una paz que no tenía en su vida, en su mente y en su corazón. Su matrimonio se recuperó desde entonces porque Dios bendijo su decisión.

Debemos comprender que perdonar no significa olvidar como si te diera amnesia, tampoco significa justificar al agresor o la agresión recibida (es que yo lo exasperaba, yo lo provoqué...) y tampoco significa estar de acuerdo con lo que pasó. Perdonar significa dejar atrás, dejarle las cosas a Dios y limpiarnos de amargura, de resentimiento, ver hacia adelante las cosas maravillosas que Dios tiene para nosotras, es volver a vivir, dejando atrás eso que "nos ata", que nos impide ser felices.

Niveles del perdón

Es importante mencionar que cuando hablamos de perdonar, hablamos de tres niveles, como mencionaba un predicador citando a San Francisco de Asís.

El primer nivel es perdonar a Dios. Sí porque muchas veces lo hacemos culpable de nuestros errores, de cosas que nos suceden. Él no ha hecho nada más que amarnos, darnos la vida, crearnos para que seamos como somos, bendecirnos, soñar con nosotras. Él merece nuestra total devoción y agradecimiento y lejos de eso, muchas veces, nos enojamos con Él, le hacemos 'berrinches' porque no cumple nuestros antojos, nuestros deseos o porque no soluciona nuestros problemas de la forma en que queremos. "La necedad del hombre le hace perder el rumbo, y para colmo se irrita contra el Señor" (Proverbios 19,3 DHH).

A veces nos enojamos con Dios por algo que sucedió, alguna tragedia, algún problema, alguna pérdida... Las cosas suceden por algo y probablemente Dios en algún momento nos hará comprender sus decisiones, pero a veces pensamos que no escuchaba nuestra desesperación o que no nos brindó su mano. En realidad Dios sí lo hizo, enjugó cada lágrima de nuestros ojos, nos sostuvo cuando nuestras fuerzas decayeron, cuando todos nos abandonaron, cuando lo perdimos todo, cuando estuvimos en el momento más sombrío de nuestra vida ahí estuvo Él. Aunque no lo alcancemos a comprender, puedo asegurar que Dios nunca nos dejó y sea lo que sea que haya sucedido, tenía alguna razón, algún propósito, por extraño, desgarrador o terrible que parezca. Esa es una convicción que debemos tener, sobre todo al afrontar la pérdida de seres queridos. Dios no nos ha traicionado, ni olvidado. Algún día sabremos porqué sucedieron las cosas o no, pero Dios es soberano y sobre todo un DIOS BUENO; todo ocurre para bien de los que lo aman. Por favor debemos interiorizar esto y creer lo que nos dice en Romanos 12,2 "...La voluntad de Dios es buena, agradable y perfecta", aunque no la comprendamos o no sea lo que queremos o esperamos, no significa que Dios se equivoque.

Una amiga me compartió su testimonio. Ella perdió a su mamá en un accidente, aún cuando creyó que Dios la sanaría no pasó así. Cuando murió ella se enojó con Dios y no quiso volver a entrar a una iglesia, pasó así años, hasta que comprendió y logró "perdonar a Dios", quisiera que lo leamos directamente de sus palabras en esta carta que le pedí que escribiera a su mamá, esta carta la compartí en un retiro con su permiso, lee este párrafo conmigo:

"Querida mamá: su partida me dejo devastada quizá porque nunca siquiera imaginé la posibilidad de que me faltara, llenaba tanto la vida de cada uno de nosotros con tanta entrega, alegría y positivismo que la creí inmortal, hasta ese día. No sé que duele más al perder un ser querido, si, que el hecho suceda de repente o si nos vamos preparando poco a poco, lo cierto mami es que la extraño mucho, y después de 10 años la sigo llorando con un dolor transformado en resignación y entrega a Dios, algo que no quise hacer en el momento oportuno y que me hubiera evitado largos meses de dolor por que unido a su partida tenía la sensación y la frustración de que DIOS me había fallado, me enojé largos meses con Él y le reclamé tanto, hasta que en su infinita misericordia me fue develando cuál era su plan. Llegué a entender que no importa lo que pidamos, cuando sabe que es nuestro día, el día de nuestra salvación eterna, no hay nada ni nadie que lo pueda evitar, porque DIOS nos ama y sabe que la verdadera vida está en el cielo con Él y no importa el como, llámese enfermedad o muerte repentina, ese es el método que DIOS utiliza para llevarnos a su Gloria, una vez que comprendí esto la carga se me hizo menos pesada y pude entregársela, Mami a DIOS. No quiere decir que no había ya dolor, porque siempre estaba allí, pero ya era con propósito, transformado en cierta Paz interior que me ayudo a acercarme más a DIOS".

Nadie podría haber escrito mejor esto que una persona que ha experimentado algo así y Dios le permitió comprender sus propósitos.

Así, en primer lugar, debemos decidir perdonar hoy a Dios, por las cosas de las cuales nosotros lo hemos hecho culpable, por aquellas cosas que no comprendemos y por las cosas en las que pensamos que nos falló o que no actuó como esperábamos y lo hacemos responsable. ¡Esta va a ser una experiencia completamente liberadora!

Dios me enseñó que una vez que Él perdona, olvida para siempre esa ofensa y que nosotros tenemos que actuar de la misma forma.

El segundo nivel, es decidir perdonar a los que nos han hecho daño, sea lo que sea que nos hicieran, por más terrible y cruel que fuese. Dios va a honrar grandemente esa decisión,

como honró la de David. Pensemos que si algunas madres han logrado perdonar a los criminales que han asesinado a sus hijos, o algunas hijas han perdonado a los asesinos de sus padres, si nosotras no hemos pasado por una experiencia tan extrema, deberíamos ser capaces de perdonar a los que nos hayan ofendido, robado, abusado, insultado, criticado, difamado, humillado, estafado, abandonado, traicionado, etc.

No digo que sea fácil, ni que los justifiquemos a ellos o lo que nos hayan hecho, digo que si tomamos la decisión de perdonarlos, Dios nos va a apoyar. Recordemos también que la falta de perdón hace que surjan en nosotras raíces de amargura que nos pueden contaminar y a todos a nuestro alrededor.

Lo mejor para nuestras vidas es limpiarnos, perdonar para vivir una vida sana y feliz, si le pedimos a Dios que nos ayude a perdonar, entonces sí es factible, con Dios todo es posible. Sólo digámosle que tomamos la decisión de perdonar a _____ y que nos dé las fuerzas.

No perdonarnos es una falta de humildad, es no querer reconocer o aceptar que no somos perfectas y que podemos equivocarnos como todos los demás.

Podríamos ir más allá y pedirle que nos muestre a todas las personas que debemos perdonar e ir haciéndolo uno a uno.

Finalmente, en un **tercer nivel**, debemos decidir perdonarnos a nosotras mismas. Este es el perdón más difícil que hay, el que más cuesta dar. Creemos que todos merecen otra oportunidad excepto nosotras y redargüimos nuestro pasado y nuestros errores, una y otra vez. Por favor aceptemos que no somos perfectas, que muchas veces decimos o hacemos cosas equivocadas por las que necesitaremos perdonarnos, pero no olvidemos las muchas cosas que hacemos o hicimos bien.

Necesitamos no sólo el perdón de Dios o el de los demás, sino nuestro propio perdón. Quiero decir que no perdonarnos es una falta de humildad, es no querer reconocer o aceptar que no somos perfectas. Una vez le dije a Dios que no era un buen modelo para predicar o para compartir los mensajes que pone en mi corazón, pues cometo muchos errores, a veces me traiciona mi carácter, me enojo o talvez lastimo sin darme cuenta, entre otras cosas. Él tiernamente me dijo: -¡Yo no exijo perfección, exijo amor!

Es cierto, por amor uno trata de hacer las cosas bien, por amor uno trata de agradar y de hacer sentir bien a los demás, por amor uno se abstiene de muchas cosas, hacemos sacrificios... Eso quiere Dios: que amemos, que lo amemos, pues sabe que no somos perfectas, que nos hemos equivocado y que lo seguiremos haciendo. Pero si lo amamos, vamos a tratar con todas nuestras fuerzas de mejorar cada día y de darle la oportunidad que nos cambie de adentro hacia afuera, que transforme nuestro corazón de "piedra" y nos coloque uno de "carne". (Ezequiel 11,19).

Por eso, lo repito, si nos arrepentimos de corazón, ese pasado, esos pecados ya no están más en la presencia de Dios. Vamos a sufrir las consecuencias, sí, pero Dios ya nos perdonó. Perdonémonos a nosotras mismas, y pidamos a Dios su ayuda para enfrentar las consecuencias de esos errores y seguir adelante.

¿A qué me refiero? Por ejemplo si alguien salió embarazada fuera del matrimonio y se arrepintió, Dios la perdonó, pero tiene ahora un hijo por el que trabajar, a quien cuidar, etc. Esa es la consecuencia, pero esa mujer cuenta con el perdón y la misericordia de Dios. Una persona me dijo una vez que como su hijo había nacido fuera de matrimonio que alguien le había dicho que ese hijo iba a tener maldición toda su vida, eso no es cierto. Dios es un Dios compasivo, más que tú y yo. Él nos perdona y si tenemos un genuino arrepentimiento podremos alcanzar su corazón, su amistad, sus bendiciones, su misericordia, como lo hizo David, a quien llamó "un hombre conforme a mi corazón".

Quiero comentarte que yo también vivía atormentada por mi pasado, pensaba que había herido a muchas personas, pues fui muy prepotente y orgullosa. Tuve cosas muy buenas, pero, ¡qué curioso! esas cosas no estaban en mi memoria, y las malas sí. Ante esto, una vez le pedí a Dios que me permitiera recordar mi pasado sólo cuando necesitara aprender algo. De esa forma terminé con ese sufrimiento constante y ese fantasma que no me dejaba ser feliz del todo y que siempre hacía que me sintiera mal por los errores que había cometido. Ahora mi pasado es sólo eso, pasado. Recordemos aquella frase: "No soy perfecta, soy perdonada". Cuando tomé esta decisión Dios me permitió ver cosas buenas que hice y obviamente olvidé; me encontré con gente a la que apoyé o ayudé o a la que le di aliento en algún momento, personas por las que hice algo bueno. Dios me enseñó con ello que una vez Él perdona, olvida para siempre y que nosotros tenemos que actuar de la misma forma.

Pedir perdón y perdonar

Del perdón se puede escribir mucho, pero hay otra idea que quiero mencionar antes de terminar este capítulo, dice la Biblia en Mateo 5,23-24 "Por lo tanto, si estás presentando tu ofrenda en el altar y allí recuerdas que tu hermano tiene algo contra ti, deja tu ofrenda allí delante del altar. Ve primero y reconcíliate con tu hermano; luego vuelve y presenta tu ofrenda". Sí, de eso se trata también: en cuanto sea posible, debemos pedir perdón si hemos hecho algún daño. Esta es también una muestra especial de humildad, ser capaz de llegar ante la presencia de alguien y decirle "lo siento" o "perdóname".

"Lo siento", "Perdóname"... Palabras claves que pueden salvar a familias de distanciamientos, a ejecutivos y jefes de problemas innecesarios, a matrimonios de divorcios y a amistades de separaciones. ¿Cuántas amistades de años se han terminado por pequeños malentendidos y por no ser capaces de reconocer que nos equivocamos, que cometimos un error y disculparnos?

Si ceder por un minuto representa toda una vida de ganancia ¿por qué no hacerlo? Hay matrimonios que se han acabado por ese minuto de orgullo, amistades de toda la vida por una expresión inadecuada, familias por una frase mal dicha. Francamente, no vale la pena... Espero que no nos suceda esto, pidamos la guía de Dios, tomemos la decisión, perdonemos y pidamos perdón.

Cuando se otorga un perdón o se le pide perdón a alguien que uno haya ofendido se rompe algo a nivel espiritual y nuestra vida se vuelve más plena. Trata de experimentar esto, ve con tu papá o tu mamá, dile que te perdone si no lo has cuidado como la Biblia nos dice a los hijos que lo hagamos, si no fuimos los mejores hijos, pidamos perdón y nota como se "rompe algo" a nivel espiritual y su relación se vuelve completamente plena y diferente.

Cuando perdonamos a nivel espiritual se "rompe" algo y somos completamente liberados y sanados.

Te doy un pequeño testimonio, un día venía con mi papá de hacer un mandado y se lo dije: – Papi la Biblia dice que tengo que honrarlo y cuidarlo, quiero pedirle perdón si en algún momento no lo hice. Creo que los dos rompimos a llorar y él me dijo que nunca había habido nada malo entre los dos, que me quería, etc.

De verdad, después de ese momento creo que todo fue diferente entre nosotros y pude sentir plenamente el cariño que tanto le costaba mostrar por su forma de ser, pero lo pude sentir. Ahora que él ya está en la presencia de Dios me alegro que tuvimos ese instante y que eso marcó una relación más plena entre ambos.

Otro gran hombre de Dios comentó que una vez que hizo una lista de todas las personas a las que él pensaba que en algún momento les falló, hizo o dijo algo inapropiado e hizo otra lista con lo contrario, es decir, todas aquellas personas que le habían hecho daño en algún momento de su vida.

Un día oró con esta segunda lista y fue perdonando uno por uno, a cada persona que escribió en ella. Con la primer lista, hasta donde pudo, fue a buscar a las personas para pedirles perdón. Eso "rompió" en él algo que sentía que lo ataba y permitió que Dios derramara en abundancia bendiciones sobre su vida y su familia.

Con estos ejemplos es importante que sepamos que nuestras acciones pueden tener consecuencias no solo para nuestra vida, sino para nuestra familia también, pues el rencor, el odio se hereda, se transmite; por eso, tratemos de heredar solo bendición y buenas cosas; ésa es la clave para mantener familias unidas, es la clave para tener paz y para desatar la bendición de Dios, pues así podremos llegar al altar de Dios y presentar nuestra ofrenda, como dice la Escritura.

Pensemos y meditemos en todo lo leído, si lo consideramos importante leamos este capítulo las veces que sea necesario, hasta que podamos dejar atrás el dolor, el rencor, la amargura. Perdonémonos a nosotras mismas, perdonemos a los demás, perdonemos a Dios, pidamos perdón y decidámonos a comenzar una nueva vida.

No carguemos más con ese peso, Dios nos quiere livianas, contentas, satisfechas. ¡Esto es muy importante!, pues la única barrera que puede estorbar nuestra comunicación con Dios, es la falta de perdón.

¡Dios nos perdona!

---

[8] 1 Reyes 3,14   [9] Mateo 18,22
[10] Mateo 10,8b

Capítulo IV
Dios nos da la fe

Los científicos más eruditos han investigado sobre los formación de nuestro planeta, sobre la vida misma, han dado muchas teorías que tarde o temprano caen, surgiendo nuevas y después de algún tiempo llegan a Dios. Lo llaman una "inteligencia superior", lo llaman "chispa de vida", "ordenador del universo", pero lo importante es que mientras más tratan de probar la inexistencia de Dios, más se convencen de su existencia, de hecho algunos físicos han anunciado que han formulado teorías que demuestran que Dios existe.

Pero ahora, a través de las redes sociales, de internet y de tantos programas de investigaciones y otros, podemos encontrar materiales, videos, artículos que podrían hacernos hasta dudar y creo que esa es su misión principal.

Por eso, cuando le entregamos nuestro corazón a Dios, cuando aceptamos a Jesucristo tenemos que tomar una decisión importante: creer en Dios y creerle a Dios.

Esta decisión es fundamental porque las enseñanzas de la Biblia debemos recibirlas por fe, ya que muchas veces contradice nuestra "lógica". Por ejemplo, no es fácil comprender que si damos el 10% ó más de nuestro sueldo a la iglesia donde asistimos, el 90% restante se multiplica y no sólo nos alcanza, sino nos rinde mucho más. Esto no se entiende desde el punto de vista humano, se entiende cuando Dios se suma a la ecuación: 90% + Promesa de Dios = bendición.

Tampoco se pueden aceptar fácilmente frases y enseñanzas como "el que se humilla será exaltado", "los últimos serán los primeros", "No nos cansemos de hacer el bien, porque a su tiempo cosecharemos", entre otras cosas. Jesús lo sabía, por eso anticipadamente nos dijo que tendríamos que ser como niños, porque el reino de Dios no se recibe por sabiduría, sino por fe, es decir, debemos tomar la decisión de creer.

Hay muchas cosas que no son fáciles de comprender, hay muchos misterios que sólo una vez que estemos frente a Dios podremos preguntarle. Esto forma parte de la soberanía de Dios.

¿Qué entendemos por Fe?

En este momento debes estarte preguntando bien, pero ¿qué es la fe?, según Hebreos 11,11 "la fe es la garantía de lo que se espera, la certeza de lo que no se ve".

Entonces fe es creer sin haber visto y así se lo dice Jesús a Tomás, podemos leerlo en Juan 20,29 " —Porque me has visto, has creído —le dijo Jesús—; dichosos los que no han visto y sin embargo creen".

¿Qué debemos creer?

Principalmente que Dios existe, que es nuestro Padre y que es la unión de tres personas, Dios Padre, Dios Hijo, Jesucristo y Dios Espíritu Santo. Debemos creer que Jesucristo vino al mundo encarnándose en el vientre de la Virgen María, que vivió, predicó, formó su Ministerio, tuvo apóstoles, que hizo muchos milagros y que entregó su vida por nosotros, pero más importante debemos creer que resucitó de entre los muertos y que nos envió a un consolador, a un entrenador, para que podamos tener su apoyo, su consejo, su guía y así vivir en forma agradable para Él, para cumplir nuestro propósito y para participar en su Plan maravilloso.

¿Cómo deberíamos creer?

como cree un pequeño niño, sin tener la menor duda. Para verlo con mayor claridad leamos este pasaje que se encuentra en Lucas 18,15-17: "También le llevaban niños pequeños a Jesús para que los tocara. Al ver esto, los discípulos reprendían a quienes los llevaban. Pero Jesús llamó a los niños y dijo: Dejen que los niños vengan a mí, y no se lo impidan, porque el reino de Dios es de quienes son como ellos. Les aseguro que el que no reciba el reino de Dios como un niño, de ninguna manera entrará en él".

"El que no reciba como un niño...", sabemos que los niños están ávidos por aprender del mundo que les rodea, quieren saber el porqué de todo, pero reciben y creen lo que se les dice. Ese espíritu, esa fe, ese creer sin tener la menor duda, es la que el Señor nos pide.

Esa es la fe que puede mover la mano de Dios, la fe que puede mover el corazón de Dios, la que puede lograr un milagro o un milagro antes de tiempo, como lo hizo la Virgen María…, la que puede cambiar a alguien, la que puede hacer que una persona ordinaria haga cosas extraordinarias... FE.

Ejemplos de personas con gran fe que lograron milagros

En la Biblia tenemos grandes ejemplos de gente de Fe, comenzando por el Padre Abraham, Josué, Caleb, Ester, Elías, Eliseo y tantos más... pero hay cuatro personas que se encontraron con Jesús y le mostraron su fe, y lograron con ella los milagros que necesitaban.

En primer lugar, tenemos al Centurión Romano, Centurión era un título que se le daba a los soldados romanos que se destacaban y que estaban a cargo de una centuria, que se componía generalmente por unos 80 hombres. Conozcamos su fe:

Al entrar Jesús en Capernaúm, se le acercó un centurión pidiendo ayuda.
—Señor, mi siervo está postrado en casa con parálisis, y sufre terriblemente.

—Iré a sanarlo —respondió Jesús.

—Señor, no merezco que entres bajo mi techo. Pero basta con que digas una sola palabra, y mi siervo quedará sano. Porque yo mismo soy un hombre sujeto a órdenes superiores, y además tengo soldados bajo mi autoridad. Le digo a uno: "Ve", y va, y al otro: "Ven", y viene. Le digo a mi siervo: "Haz esto", y lo hace.

Al oír esto, Jesús se asombró y dijo a quienes lo seguían:

—Les aseguro que no he encontrado en Israel a nadie que tenga tanta fe. Les digo que muchos vendrán del oriente y del occidente, y participarán en el banquete con Abraham, Isaac y Jacob en el reino de los cielos. Pero a los súbditos del reino se les echará afuera, a la oscuridad, donde habrá llanto y rechinar de dientes.

Luego Jesús le dijo al centurión:

—¡Ve! Todo se hará tal como creíste.

Y en esa misma hora aquel siervo quedó sano.[11]
(subrayado de la autora).

Otra persona de una fe implacable, nuestro segundo ejemplo es la mujer que tenía años de padecer de flujo de sangre y que había gastado todo su dinero en médicos y no conseguía sanar y con solo tocar el borde del manto de Jesús quedó sana. ¿Sanó porque tocó sus vestidos? No. Sanó porque tenía tanta fe que sabía que aunque Jesús no orara por ella o que no hablara con ella, con tan solo rozar su manto quedaría sana[12].

Este milagro ocurre cuando Jesús iba a la casa de un Jefe de la Sinagoga llamado Jairo para sanar a su hija que estaba enferma, en el camino sucedió el milagro de la sanación de la mujer, pero poco después sucede otro milagro especial. Léelo conmigo:

"Todavía estaba hablando Jesús, cuando llegaron unos hombres de la casa de Jairo, jefe de la sinagoga, para decirle:

—Tu hija ha muerto. ¿Para qué sigues molestando al Maestro?

Sin hacer caso de la noticia, Jesús le dijo al jefe de la sinagoga:

—No tengas miedo; cree nada más". (Marcos 5,35-36).

Conocemos el final de esta historia, Jesucristo va a la casa de Jairo, encuentra a la niña muerta y la resucita.

¿Cómo se sentirá
el Creador del cielo
y de la tierra,
de las estrellas,
del firmamento,
que pongamos
en duda
no sólo su poder
sino su amor
hacia nosotras?

"No tengas miedo, cree nada más" esta frase repitámosla hasta que forme parte de nuestro diario vivir. No tengamos miedo, creamos.

La cuarta y última persona que me gustaría mencionar es una mujer que la Biblia dice que era Cananea, que tenía una gran necesidad y una gran fe. Su hija necesitaba un milagro, Jesucristo al principio se rehúsa a atenderla, podemos creer que estaba probando su fe y después le dice que no está bien "quitarles el pan de los hijos para dárselos a los perros", pero esta mujer sabe que necesita un milagro, sabe quién puede hacerlo y sorprende a todo el mundo con su respuesta:

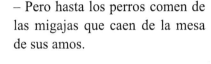

El requisito para poder lograr algo tan grande, fe del tamaño de un grano de mostaza.

– Pero hasta los perros comen de las migajas que caen de la mesa de sus amos.

Miremos lo que logra esa fe, esta declaración de Jesús:

—¡Mujer, qué grande es tu fe! —contestó Jesús—. Que se cumpla lo que quieres.[13]

Muchas veces vemos la primer respuesta de Jesús y no nos gusta y "nos perdemos el milagro". Tal-vez la Biblia quiere decirnos con esta historia que Jesús no siempre va a reaccionar como nosotros queremos o esperamos, pero eso no significa que no nos ame o que no llene nuestra necesidad, el milagro que tanto anhelamos, quizás a veces quiere ver nuestra fe.

Fe del tamaño de un grano de mostaza

Jesucristo dice que todos hemos recibido una medida de fe y también nos dice algo increíble en esta declaración que se encuentra en Lucas 17,6 "Si ustedes tuvieran una fe tan pequeña como un grano de mostaza -les respondió el Señor-, podrían decirle a este árbol: Desarráigate y plántate en el mar".

El requisito para poder lograr algo tan grande, fe del tamaño de un grano de mostaza, ¿alguna vez los hemos visto? son mínimos, milimétricos. Imaginemos si con un poquito de fe, dice Jesús, podemos lograr cosas tan grandes y maravillosas, ¿qué no podríamos lograr con una fe como la de Abraham, la de Moisés, la de Isaac, la de David, la de Samuel, la de Elías o Eliseo?

Creer en Dios y creerle a Dios

¡Cuantos milagros hay registrados en la Biblia! y dice Juan que sólo se han colocado algunas de las cosas que hizo Jesús, pues si se escribieran todas, no alcanzaría el papel del mundo para hacerlo. ¡Qué más cosas habrá hecho nuestro Maestro!, entonces preguntémonos ¿cuántas cosas podrá hacer ahora por nosotras?

Sí, Él es el mismo de ayer, lo es hoy y lo será por los siglos. Pero, necesitamos fe. Aquí hay algo importante, como mencioné antes, debemos tener fe en Dios (creer **en** Dios) y fe en lo que puede y quiere hacer (creerle **a** Dios). ¿Qué significa? Muchas veces creemos que Dios tiene poder para hacer muchas cosas, pero no creemos que nos quiera ayudar, bendecir, sanar, prosperar... Eso es no creerle.

Cuando pensemos algo así quizás debamos recordar el hermoso pasaje cuando Jesús se encontró con un leproso y éste le dijo "Señor si quieres puedes limpiarme" (Esto sería creer que Él puede hacerlo). Jesucristo le dijo: "¡Sí quiero! ¡Queda limpio!"[14] (esto sería creer que Él quiere).

¿Hemos leído algún pasaje de la Biblia en el que Jesús dejó de ayudar o no sanó a alguna persona?, entonces... ¿por qué no creemos que puede sanarnos o ayudarnos? Mira lo que Él mismo dijo en Mateo 7:7-11: "Pidan, y se les dará; busquen, y encontrarán; llamen, y se les abrirá. Porque todo el que pide, recibe; el que busca, encuentra; y al que llama, se le abre. ¿Quién de ustedes, si su hijo le pide pan, le da una piedra? ¿O si le pide un pescado, le da una serpiente? Pues si ustedes, aun siendo malos, saben dar cosas buenas a sus hijos, ¡cuánto más su Padre que está en el cielo dará cosas buenas a los que le pidan! y Jesús nos dice algo más en Marcos 9,22-24 es la historia de un padre cuyo hijo tenía un demonio y se lo lleva a Jesús, los discípulos no pudieron hacer nada por él y el padre del niño le dice "Si puedes hacer algo, ten compasión de nosotros y ayúdanos.

–¿Cómo que si puedo? Para el que cree, todo es posible.

–¡Sí creo! -exclamó de inmediato el padre del muchacho-.¡Ayúdame en mi poca fe!

Me encanta esta declaración de ese padre, Sí creo, ayúdame en mi poca fe, está queriendo decir quiero creer en ti, pero me es difícil, porque aún no te conozco, necesito que me ayudes, que me bendigas, que aumentes mi fe, bendice mi búsqueda, mi disposición...Talvez sea la oración que todas debamos hacer... Sí creo, sí creemos, ayúdanos en nuestra poca fe y recordemos esto "Al que cree TODO le es posible".

Fe para agradar a Dios

La Biblia dice también algo muy importante en Hebreos 11,6 "En realidad, sin fe es imposible agradar a Dios, ya que cualquiera que se acerca a Dios tiene que creer que Él existe y que recompensa a quienes lo buscan".

Este pasaje es muy importante y aclara esto mismo que debemos creer en Dios "Cualquiera que se acerca a Dios tiene que creer que Él existe" y creerle a Él "y que recompensa a quienes lo buscan".

No se trata de caer en la búsqueda de la recompensa, sino de entender el amor del Padre y de su misericordia, de los que conversamos en el capítulo primero de este libro.

Recordemos que la fe es tan importante que si no la tenemos no podemos agradar a nuestro Padre... Esto es fácil de comprender, pensemos por un momento si alguna vez hemos querido impresionar a alguien, a nuestros padres terrenales, a un maestro, a un amigo o a alguien importante para nosotras y hemos escuchado que esa persona no cree que seamos capaces de hacer algo en particular, ¿cómo nos sentimos? mal ¿verdad?

Recuerdo que algunas veces alguien muy importante para mí, sin querer, me hizo sentir precisamente así. Dijo algo que significaba que yo nunca lograría salir adelante o progresar en la vida y recuerdo que me dolió bastante, pues yo hubiera querido escuchar lo contrario, una palabra de fe y de aliento.

Hay muchas cosas que no son fáciles de comprender, hay muchos misterios que sólo una vez que estemos frente a Dios podremos preguntarle. Esto forma parte de la soberanía de Dios.

Si eso siente una persona como yo, con limitaciones y problemas, humana, pensemos por un minuto ¿cómo se sentirá el Creador del cielo y de la tierra, de las estrellas, del firmamento, que pongamos en duda no sólo su poder sino su amor hacia nosotras, sobre todo después del sacrificio de su hijo en la cruz?, en realidad... no deberíamos dudar del amor de Dios y de su deseo de bendecirnos.

Recordemos esto a lo único que Dios nos pide que pongamos fe como niños es a sus enseñanzas, a su amor, a su poder, a las cosas de su reino. Aquí en este mundo nos invita a ser prudentes. En nuestra vida diaria, aunque no lo percibamos, hacemos actos de fe: cuando pasamos un semáforo en verde, por ejemplo, tenemos fe que el otro vehículo que tiene el rojo se detendrá y así pasamos confiadamente.

Damos crédito y tenemos fe en que las personas nos paguen o trabajamos para un patrono y tenemos fe que al final del mes nos cancelará. Cuando vamos a un médico, tenemos fe que sabrá orientarnos y nos curará. Pero nuestra fe debe estar puesta en Dios y sólo en Él, es el único que jamás nos va a defraudar ¿cuántas historias podríamos contar de gente que por poner fe en cosas, empresas, personas o dioses falsos ha perdido todo?

La fe que Dios nos pide es para Él. Aún si nos han pasado cosas que no son fáciles de comprender, misterios que sólo una vez que estemos frente a Él podremos preguntarle, sucesos que para nosotros no tienen sentido. Esto forma parte de la soberanía de Dios. En realidad sus planes, sus pensamientos son tan grandes que no podemos verlos, mucho menos comprenderlos. En Isaías 55,8-9 nos dice: "Porque mis pensamientos no son los de ustedes, ni sus caminos son los míos afirma el Señor. Mis caminos y mis pensamientos son más altos que los de ustedes; ¡más altos que los cielos sobre la tierra!". Por eso debemos tener fe que lo que Dios hace en nuestras vidas es lo mejor, aún cuando no nos lo parezca.

Dios es un Padre amoroso, pero soberano y quiere que le abramos nuestro corazón y nuestra mente con fe, con la fe de un niño. Si no estamos dispuestas a confiar en Él como confiaría un niño en sus padres, no recibiremos las bendiciones, el amor y todo lo que Dios quiere darnos. Confiemos en sus promesas[15] y para conocerlas leamos la Biblia, escuchemos prédicas, asistamos a eventos y sobre todo tengamos nuestra cita diaria con Él.

En este momento pidamos a Dios que nos de fe y decidamos creer. Dios sí cree en nosotras. Tiene sueños grandes para nuestra vida, estamos en su Plan. Agradémoslo con nuestra fe.

¡Dios nos da la fe!

[11] Mateo 8,5-13
[12] Lucas 8,40-48
[13] Mateo 15,21-28
[14] Mateo 8,3
[15] Mateo 24,35

Capítulo V

Dios es primero

Día a día enfrentamos nuevos retos, problemas, trabajos, ocupaciones, citas, reuniones, llamadas, programas, mensajes, etc. Tenemos tanto que hacer que a veces no sabemos cómo, ni por dónde comenzar. Ese es el momento para establecer una lista de prioridades, siempre en orden de importancia, así las actividades más urgentes y de mayor trascendencia las hacemos primero, y luego, la lista continúa con las cosas que son menos urgentes o importantes, que se harán si alcanza el tiempo o se dejarán para el día siguiente.

De la misma forma, debemos pensar que en nuestra vida tenemos que establecer también prioridades. ¿Qué es lo más importante para nosotras?, ¿qué ocupa el primer lugar en nuestra mente?, ¿en dónde está nuestro corazón... en nuestro trabajo, en nuestro esposo, en nuestros hijos?, "Porque donde esté tu tesoro, allí estará también tu corazón", dice la Biblia.[16]

Recordemos lo que nos dice Jesucristo sobre el primer mandamiento y el más importante: "Ama al Señor tu Dios con todo tu corazón, con todo tu ser y con toda tu mente".[17]

Dios quiere que lo pongamos a Él en primer lugar, quiere ocupar nuestra atención, el primer lugar en nuestra vida. Dios puede llenar nuestros deseos y necesidades, puede guiarnos, pero nos exige algo importante: ser el primero, el número uno, el principal, nuestra prioridad en la vida.

Por favor lee conmigo en Lucas 14,26 "Si alguno viene a mí y no sacrifica el amor a su padre y a su madre, a su esposa y a sus hijos, a sus hermanos y a sus hermanas, y aun a su propia vida, no puede ser mi discípulo".

¿Qué nos dice Jesús?, ¿qué significa realmente esto? Qué Él tiene que ser siempre nuestra prioridad.

El nos pide cosas diferentes a cada una, pero sólo si es la prioridad en nuestra vida, sabremos con certeza qué quiere y espera de nosotras.

En el orden perfecto para arreglar nuestra agenda: Dios tiene el número Uno. Él es un Dios celoso y quiere que le entreguemos nuestro corazón y nuestra vida sin reservas. No podemos introducir a Dios en nuestra agenda, sino nuestra agenda debe ser acomodada a partir de Dios. Es decir, todo lo demás es dispensable. Dios tiene que ser el centro, lo más importante.

Muchas veces, cuando nuestro corazón se aparta de Dios, Él nos pide que pongamos en una hoguera de sacrificio eso que nos aparta de su amor, lo que le roba el primer lugar. Dios probó a Abraham para ver si sería capaz de ofrecerle en una hoguera a su propio hijo por el cual había esperado más de 20 años. Imagínense un hijo en la vejez, ¿cómo no lo habría amado Abraham?

Si somos sinceras sabemos que tenemos algunas cosas distraen nuestro corazón y nos distancian de la presencia de Dios, aunque no lo notemos, poco a poco nos vamos alejando y cuando nos damos cuenta, lo urgente va sustituyendo lo importante, nos saturamos de trabajo y actividades, nos cansamos, y así ya no buscamos tiempo para estar con Él, para hablarle, para escuchar su voz y nuestra oración se vuelve en una encomienda diaria breve, algo como: "Te ofrezco este día. Amén".

Este es el momento en que Dios nos pide que reflexionemos, que dejemos de lado todo lo que nos impida colocarlo a Él como centro de nuestras vidas, ¡ordenemos nuestra vida alrededor de Dios!

Muchas veces deberemos sacrificar tiempo con nuestros seres queridos o sacrificarnos nosotras mismas para cumplir en obediencia lo que Dios nos pide que hagamos. Podemos ver el caso de personas entregadas a Dios que pasan viajando, orando, ministrando, en fin, trabajando para Dios y se ven forzadas a dejar sus hogares por muchos días para realizar esta misión.

En otras ocasiones, simplemente significará levantarnos más temprano para orar por otros. En algún momento será no asistir a algún compromiso por quedarnos conversando con Dios o al contrario, tener reuniones y buscar el tiempo para asistir a charlas donde podemos aprender sobre Dios, en otras ocasiones será limitar el tiempo que vemos televisión o pasamos conectados a redes sociales... Él nos pide cosas diferentes a cada una, pero sólo si es la prioridad en nuestra vida, sabremos con certeza qué quiere y espera de nosotras.

En el segundo lugar del orden de prioridades, estamos nosotras mismas. Sí aunque te extrañe, la segunda prioridad en nuestra vida somos nosotras.

Tenemos que dedicarnos tiempo, para vivir, para cuidarnos, porque solo así podremos cuidar de otros. Recordemos que nuestro cuerpo es templo del Espíritu Santo (si recibimos a Jesucristo en nuestro corazón, viene el Espíritu Santo a morar en nosotras, por eso decimos que nuestros cuerpos son templos del Espíritu Santo) y como tal, tenemos que ser responsables y disciplinadas. Mantenernos sanas, comer en forma saludable, hacer ejercicio, tener controles y análisis médicos... En pocas palabras debemos cuidarnos muy bien.

Muchas veces estamos dispuestas a cuidar a los demás, pero no a nosotras. Incluso muchas veces nos sentimos culpables si nos atendemos, quiero decir que eso es un error. Dios espera y nos ha dado la responsabilidad de que cuidemos nuestro cuerpo, nuestra mente, nuestra alma, nuestro corazón y esto no sólo cuidados físicos, si no también espirituales.

¿A qué me refiero? A que cuidemos nuestros oídos, por ejemplo de chismes y comentarios que no agradan a Dios; que cuidemos nuestros ojos de ver películas o programas que no nos van a edificar; que cuidemos nuestra boca con lo que decimos, tratemos de expresar solo lo bueno que sepamos de cada persona y si no nos inspira alguien nada bueno, entonces mejor callemos.

¡Cuidémonos, somos muy importantes para Dios! ¡Valemos la sangre de su Hijo Jesucristo! Somos hijas especiales, amadas. Sé que muchas veces eso parece sólo palabras, pero comprometo a Dios con esto, para que nos muestre que somos importantes y que nos ama.

Quiero hacer sólo un pequeño paréntesis aquí. Dios nos ama y nos ama profundamente, con un amor entrañable e inexplicable para nosotros los seres humanos. Dios nos ama cuando lo sentimos y cuando no, cuando las cosas están bien y cuando no, cuando lloramos y cuando reímos. De igual forma nos ama cuando las cosas no nos salen bien y pareciera que no nos escucha. Dios nos ama a cada instante... Sin embargo, muchas veces no percibimos su amor porque queremos que nos lo manifieste como nosotros lo imaginamos. Cuento una historia para que podamos comprender de mejor forma esto: hace unos años un doctor me hizo una extracción de un ganglio del cuello en un hospital público, fue el cirujano que me tocó, no sabía sus antecedentes ni su habilidad, pero no tenía dinero en ese momento para pagarme un médico privado, después de la cirugía que fue horrible, y que realmente me dolía mucho, fui a ver a un experimentado cirujano para que me dijera si la herida estaba bien. El doctor me revisó en lo que yo consideré una "forma superficial" y me dijo que estaba bien, me dio medicinas para el dolor y me despidió. Recuerdo que yo lo miré extrañada y le pregunté cómo podía saber si todo estaba bien si ni siquiera me había destapado la herida. Él me miró con una sonrisa hermosa y me dijo: - Si la destapo, la puedo contaminar. Sé que está bien por el color de la piel, por lo que palpo, etc.

Eso me hizo pensar mucho y comparar la actitud de este médico con la de Dios y me pregunté, ¿cuántas veces habremos estado esperando que Dios "destape nuestras heridas"?, es decir, que actúe como nosotras creemos que debe hacerlo... y Dios -que sabe lo que nos conviene- sólo ha de sonreír, seguro que por nuestro bien a veces no nos da lo que le pedimos o que no permite que suceda algo que esperamos, aun cuando no podamos entenderlo. Cierro este paréntesis y regresemos a las prioridades en nuestras vidas. La primera prioridad dijimos que era Dios, luego estamos nosotras, es decir, tú misma.

Ama a tu esposo, dedícale tiempo, recíbelo cuando llegue a casa como si fuera el primer día cuando se conocieron y se enamoraron.

En tercer lugar, debe estar tu esposo, si eres casadas. Dicen las expertas que a los esposos hay que amarlos, dedicarles tiempo, recibirlos bien cuando llegue a casa como el primer día cuando se conocieron, cuando se enamoraron. También dicen que hay que atenderlo, consentirlo.

Los hombres tienen mucho que demostrar en el mundo de los negocios, en el trabajo, están constantemente tensionados y cuando llegan a casa quieren sentirse bien y sentirse que son importantes para sus esposas. Recordemos a ese gran cantante que dijo un día que hubiera cambiado el aplauso de todos los públicos por el de su esposa y recordemos que se separaron.

Termino copiando estos consejos de quienes tienen matrimonios felices y ayudan a otras mujeres: a tu esposo, ayúdalo para que le guste estar en casa, en tu hogar. No lo recibas con quejas ni problemas. Haz que entre tranquilo, que descanse, que se relaje, preocúpate por su almuerzo o cena y si tienes algo que decirle busca el momento oportuno.

Comparte con él tus cosas y escúchalo, pues cuando sus hijos se vayan, ustedes estarán solos y si no han compartido sus vidas antes, serán dos extraños en una casa.

Comparte con él tus cosas y escúchalo, pues cuando sus hijos se vayan, estarán solos y si no han compartido sus vidas antes, si todo gira alrededor de sus hijos, serán dos extraños cuando éstos se marchen del hogar para iniciar el suyo. Por eso uno se asombra cuando escucha que un matrimonio se separa después de 30 ó 40 tantos años, definitivamente tuvo que haber girado todo alrededor de los hijos. Ellos son importantes, pero el esposo es primero.

Recordemos también, que al amor hay que alimentarlo con detalles, con sorpresas, con ilusiones, con juegos, si no la pasión se va muriendo y los hombres van a buscarla en otro sitio. Ama a tu esposo, atiéndelo y cuida de él.

Piensa también que muchas veces tu esposo no puede ponerte en primer lugar porque tiene compromisos con su oficina, con la ciudad, con su trabajo, si eres comprensiva y aceptas eso, tu matrimonio funcionará bien. Leamos bien esto, no estamos hablando de compartir un hombre con otra mujer, no, es compartirlo con sus ocupaciones y responsabilidades de trabajo, de las cuales dependen la provisión de tu hogar y el futuro de tus hijos y de la pareja.

Si tienes que discutir algo con él, busca el momento adecuado, nunca lo hagas frente a los niños y nunca le faltes al respeto, para que él no lo haga contigo.

Si no tienes esposo, el tercer lugar en la lista de prioridades son tus hijos (si eres madre soltera) o si eres solteras, el tercer lugar en la lista de prioridades será la familia cercana, pueden ser papá, mamá, tíos, hermanos, sobrinos...

En otras palabras, en la lista de prioridades viene después la familia cercana. Es muy importante que dediquemos tiempo al hogar, a la familia. El problema de las pandillas, de los delincuentes muchas veces surge de hogares destruidos, donde mamá no estaba con sus hijos. Sobre esto tengo tantas historias que podría compartir, inclusive de mujeres que han emigrado a otros países para buscar un "mejor futuro" para sus hijos y al cabo de algunos años se percatan que cometieron un error grave al dejarlos. Un buen futuro para los hijos no se forja con dólares extra, se forja con el amor, atención y cuidado que los niños y jóvenes requieren.

Estas mujeres comprendieron que la mejoría económica no era lo que realmente importaba, pues sus hijos se perdieron en drogas, pandillas y en muchos casos, fueron asesinados... Claro, ellos no tuvieron una mamá que llegara todos los días cansada del trabajo, para enseñarles como se ganaba el dinero, solo recibían su dinero sin conocer el origen o el esfuerzo que significaba obtenerlo.

Muchos hasta pensaban en lo fácil que era tener dinero y por eso, en su vida, con sus acciones siguen buscando dinero fácil, porque no tuvieron un modelo adecuado en su hogar. Estamos a tiempo de no cometer ese error.

Nuestros hijos deben ocupar un lugar importante. Si necesitamos trabajar adelante, pero asegurémonos de dedicarles tiempo de calidad, de conversar con ellos, que sus maestros no sean la televisión, la calle o el internet. Después en nuestra lista de prioridades puede estar el trabajo, estudios, la iglesia, cualquier actividad importante o servicio a la comunidad, etc. Por favor leamos esto adecuadamente, lo primero en nuestras vidas tiene que ser Dios, nuestra relación con Él, luego nosotras mismas, en tercer lugar el esposo para las casadas, en cuatro los hijos, luego la familia cercana y hasta después, podemos colocar el trabajo en una oficina, la colaboración con la iglesia, los estudios, si estuviéramos estudiando, etc.

Reflexionemos un poco en cómo han estado las prioridades en nuestra vida hasta este momento y cómo debemos cambiarlas. Luego, reflexionemos sobre lo que tenemos que hacer para establecer nuestras prioridades adecuadamente.

No perdamos un minuto más sin ordenar adecuadamente nuestra vida. No olvidemos qué es lo verdaderamente importante. Si tuviéramos una familia modelo, un esposo ultra enamorado, hijos maravillosos, un hogar como si fuera un palacio, entonces sí, podemos salir y conquistar el mundo con la profesión, con el trabajo, donar todo nuestro tiempo a la Iglesia, dirigir un partido político... lo que queramos y nos guste hacer.

Pero si no fuera así, si nuestro hogar necesita atención, cuidado, la relación con el esposo está en un "hilo", entonces talvez convendría que colocáramos todo en una balanza e hiciéramos una lista. En un lado qué es lo que vamos a ganar por el camino que llevamos y cuáles podrán ser las consecuencias. En otro lado, qué ganaríamos si cambiamos el orden de las prioridades y qué lograríamos así.

Tomemos un tiempo y valoremos nuestras respuestas. Seamos honestas y pensemos bien esto, pidamos a Dios que nos guíe para tomar la decisión correcta.

Quiero ir un poco más allá, aunque me consideren retrógrada, que no lo soy, pero, pensemos bien si realmente necesitamos trabajar, si podríamos vivir con el sueldo del esposo. A veces me pregunto qué puede ser más importante, tener muchas comodidades o saber qué miran los niños en televisión o en internet...

Al ver las noticias de muchachos que toman armas y van a sus colegios a matar a sus compañeros, alguna vez nos hemos preguntado, ¿dónde estaban esas mamás cuando esos niños obtuvieron esas armas?, ¿sabrían ellas lo que sus hijos sentían?, ¿conocerían la música o los programas que esos niños veían y escuchaban?, ¿conocerían a sus amigos o las personas con las que se juntaban?, ¿Conocerían los sitios de internet que visitaban y con quienes sostenían pláticas? Son preguntas muy difíciles, pero vivimos tiempos difíciles. Consideremos esto muy bien.

Al ver noticias de muchachos que toman armas y van a sus colegios a matar a sus compañeros, alguna vez nos hemos preguntado ¿dónde estaban esas mamás cuando esos niños obtuvieron esas armas?...

En resumen, es importante ordenar nuestras vidas, si necesitamos el apoyo de Dios, simplemente hagamos una oración como esta:

Señor quiero que ocupes el primer lugar en mi vida, por ello, te pido que entres a mi corazón y seas mi Señor. Te pido perdón por no haberte puesto en el lugar que te corresponde, pero desde hoy mi vida, gracias a ti, estará ordenada alrededor tuyo, en gozo y en paz. Ayúdame a ordenar a partir de nuestra relación el resto de mi tiempo y lo que debo de hacer.

Dame sabiduría para poder hacer las cosas de la forma en la que te agradan y te pido que el tiempo ma alcance para cumplir tus propósitos y mis planes. Gracias Señor.
Amén.

¡Dios es primero!

[16] Mateo 6,21
[17] Mateo 22,37

Capítulo VI

Dios nos llama

"He aquí que yo estoy a la puerta y llamo, si alguno oye mi voz y abre la puerta, entrare a él y cenaré con él y él conmigo..." Esta frase de Apocalipsis 3,20 se refiere al deseo de Jesús. Como sabemos, Él podría entrar a nuestras vidas sin que le "abramos la puerta", pero resulta que es un caballero tan especial que nunca nos va a forzar para que lo aceptemos, para que lo amemos, para que lo conozcamos, para que lo sigamos o para que tengamos una relación con Él.

Jesús nos busca pero nunca por la fuerza, Él espera que lleguemos a sus pies por convicción, por amor, aun cuando la mayor parte de las veces, lleguemos por necesidad.

Dice el apóstol Juan en su primera carta "Nosotros amamos a Dios porque Él nos amó primero"[18]. En realidad, si lo analizamos bien, nos percatamos que nada sucede por casualidad en nuestras vidas, me atrevo a decir que todo es un plan orquestado por un Dios de amor maravilloso, que pensó en nosotras e hizo que entráramos en sus caminos y para ello usó a las personas o las circunstancias adecuadas, en el momento justo.

Dios tiene un plan especial para nuestras vidas, es algo que solo cada una de nosotras podremos llevarlo a cabo, son cosas distintas las que nos va a pedir a cada una, pero sólo si estamos dispuestas podremos emprender sus planes.

Para interpretar bien esto pensemos que hay personas a las que solo nosotras podríamos hablarles de Dios, hay cosas que solo a través de una habilidad o talento especial que poseamos podremos realizar, es decir, el plan de Dios para mi vida es diferente que el que tiene para la tuya, pero todas somos importantes para Él.

Dios nos invita a ser parte de su familia, a aceptar la salvación que nos brinda a través del sacrificio perfecto de Jesucristo en la cruz.

Permíteme contarte una historia que está en la Biblia en el libro de Ester: "El rey Asuero, que reinó sobre ciento veintisiete provincias que se extendían desde la India hasta Cus, estableció su trono real en la ciudadela de Susa.

En el tercer año de su reinado ofreció un banquete para todos sus funcionarios y servidores, al que asistieron los jefes militares de Persia y Media, y los magistrados y los gobernadores de las provincias, y durante ciento ochenta días les mostró la enorme riqueza de su reino y la esplendorosa gloria de su majestad.

Pasado este tiempo, el rey ofreció otro banquete, que duró siete días, para todos los que se encontraban en la ciudadela de Susa, tanto los más importantes como los de menor importancia. Este banquete tuvo lugar en el jardín interior de su palacio, el cual lucía cortinas blancas y azules, sostenidas por cordones de lino blanco y tela púrpura, los cuales pasaban por anillos de plata sujetos a columnas de mármol. También había sofás de oro y plata sobre un piso de mosaicos de pórfido, mármol, madreperla y otras piedras preciosas. En copas de oro de las más variadas formas se servía el vino real, el cual corría a raudales, como era de esperarse del rey. Todos los invitados podían beber cuanto quisieran, pues los camareros habían recibido instrucciones del rey de servir a cada uno lo que deseara"[19]. (Subrayado de la autora).

Algunos estudiosos de la Biblia interpretan que el Rey Asuero tipifica a Dios Padre y nos dice que hace dos banquetes, el primero para los príncipes y gobernantes, que podrían ser los apóstoles, los ángeles, los profetas...y un segundo banquete para todos los miembros de su reino, donde todos pueden beber y participar, pero nadie está obligado a hacerlo. Además dice que tenían vasos de oro de las más variadas formas, que se podrían interpretar como el trato que da a cada uno de nosotros, la misión que pone en nuestras manos.

Todos los vasos son preciosos pero diferentes, sin embargo a nadie se le obliga a tomar en ellos el vino real, que tipifica la sangre de Jesucristo, es decir la salvación que Dios nos ofrece a través del sacrificio de su Hijo Jesucristo en la cruz.

¿Podemos ver la similitud de esta historia con la nuestra? Dios quiere que participemos de su gloria y esplendor, nos invita, nos llama, pero no nos obliga a aceptar su amor, su provisión o su salvación.

Dios nos llama de muchas formas hasta que aceptamos abrirle las puertas de nuestra vida. Mientras más rápido respondamos tendremos vidas más plenas y llenas de amor, de felicidad, de sabiduría. No esperemos a que pase algo difícil para atender el llamado de Dios. Muchas veces creemos que al seguir a Dios nos vamos a convertir en gente rara, porque tenemos una idea vaga de la gente que vemos en las iglesias. Nada más alejado de la realidad. Hay una película que me encanta se llama Jesús 2000, es la única en la que retratan al Jesús que yo me imagino, al que tenía una personalidad tan jovial que los niños querían llegar a Él.

Dios a través de su hijo Jesucristo o del Espíritu Santo nos llama en diversas formas, cuando escuchamos su llamado comenzamos una aventura única y luego, conforme vamos caminando con Él, nos sigue llamando en diversos momentos, pero esta vez para diferentes servicios o actividades y así mientras más sólida se vuelva nuestra relación con Él, nos puede dar más misiones para llevar a cabo, como lo dice en Mateo 25:21 "¡Hiciste bien, siervo bueno y fiel! En lo poco has sido fiel; te pondré a cargo de mucho más".

Lo anterior Dios lo decidirá para cada una de nosotras, pero es importante que estemos atentas a los llamados que nos hace, desde el primero que es abrirle las puertas de nuestro corazón, hasta donde Él quiera llevarnos y usarnos para su gloria. Como lo dice el apóstol Pablo "Porque somos hechura de Dios, creados en Cristo Jesús para buenas obras, las cuales Dios dispuso de antemano a fin de que las pongamos en práctica".[20]

Dios tiene sueños especiales para nuestra vida, pero depende de nosotros decirle sí y aceptar su llamado.

Como lo leímos, Dios nos da libertad, nos permite elegir. Ojalá que todas le digamos sí a sus planes, a su voz, como aquella hermosa mujer que dijo sí al Plan de Salvación y que gracias a su entrega sin reservas, hoy estamos aquí.

¡Dios nos llama!

---

[18] 1a. Juan 4,19
[19] Ester 1,1-8
[20] Efesios 2,10

Capítulo VII

Dios nos prepara

❧❀❧

¿Cuántas veces Dios, a través de su Santo Espíritu nos ha hablado suavemente a nuestro corazón, a nuestra mente y nos ha manifestado su amor y su voluntad para nuestras vidas? Sin embargo, a veces escuchamos más fuertemente las voces del exterior, las de los afanes, la de las rutinas, la de las prioridades equivocadas y no permitimos que la voz del Espíritu nos guíe.

El Espíritu Santo no sólo es la tercera persona de la Divinidad es el entrenador y el Gran Consolador, que nos ofreció Jesucristo cuando partió. El Espíritu Santo es quien nos adiestra y nos permite acceder al Poder de Dios, es el guía o consejero que todos anhelamos, es nuestro amigo íntimo.

En Lucas 24,49-51, leemos: "Ahora voy a enviarles lo que ha prometido mi Padre; pero ustedes quédense en la ciudad hasta que sean revestidos del poder de lo alto. Después los llevó Jesús hasta Betania; allí alzó las manos y los bendijo. Sucedió que, mientras los bendecía, se alejó de ellos y fue llevado al cielo".

¿Poder de lo alto?, ¿a qué se refería Jesús cuando habló de poder? Sí poder, para hablar, para sanar, para echar fuera demonios, para ministrar, para predicar, para seguirlo... Todos sabemos lo que pasó en Pentecostés, el Espíritu Santo descendió sobre los apóstoles y los transformó. Cuando el Espíritu Santo viene a nuestra vida también nos transforma y nos permite hacer cosas que nunca hubiéramos imaginado.

Por ejemplo en Mateo 10,19-20 nos dice: "Mas cuando os entreguen, no os preocupéis por cómo o qué hablaréis; porque en aquella hora os será dado lo que habéis de hablar. Porque no sois vosotros los que habláis, sino el Espíritu de vuestro Padre que habla en vosotros".

Muchas veces el adiestramiento no es fácil, pero si perseveramos fieles, podremos aprender a conocer la voluntad de Dios.

Es tan cierta esta afirmación y tú misma puedes comprobarlo, yo lo he hecho, a veces cuando sabemos que alguien necesita escuchar de Dios, si solo comenzamos a hablar, de repente tenemos unas palabras y una gran sabiduría y nos asombramos de lo que dijimos. Ese fue el Espíritu Santo hablando por ti y por mi. Por ejemplo, una amiga tuvo cáncer en los senos y me decía que cuando se le acercaba otra de las pacientes que ella veía deprimida y le comenzaba a hablar de Dios, de repente tenía una sabiduría especial que hasta ella se asombraba de la forma en la que les predicaba.

Amiga, Dios solo quiere que estemos dispuestas, Él se encarga de todo, eso me pasa a mí cuando vuelvo a leer este libro y me doy cuenta que no he sido yo, sino el Espíritu Santo, también cuando me invitan a predicar, Él pone las palabras justas en mi boca. El Espíritu Santo solo necesita que le digamos sí y se ocupa de todo. Si Dios nos llama a servirle, digámosle que sí y estemos dispuestas a ser utilizadas en su plan maravilloso.

La primer clase de poder que vemos es para predicar, para hablarle a los demás, aunque creamos que no tenemos la suficiente preparación, si tenemos la oportunidad de conversar con alguien y queremos que esa persona se acerque a Jesucristo comencemos a hablar, que el Espíritu Santo nos va a apoyar y nos va a decir a nuestro corazón lo que tenemos que hablar.

¿Poder para sanar?

Cuando Jesús envió a setenta y dos, a predicar les dijo: "En cualquier ciudad donde entréis y os reciban, comed lo que os pongan delante; y sanad a los enfermos que en ella haya y decidles: Se ha acercado el reino de Dios".[21]

Sí, el Espíritu Santo nos da el poder de Dios para sanar enfermos, pero para usarlo, antes debemos aprender a escuchar su voz, conocer su voluntad, aprender su guía maravillosa y dejar que sea nuestro entrenador.

Muchas veces el adiestramiento no es fácil, en muchas ocasiones vamos a tener que renunciar a algo que queremos o enfrentar alguna prueba no tan fácil, pero si perseveramos fieles, podremos aprender a conocer la voluntad de Dios que nos revelará su Santo Espíritu y podremos saber cuándo Dios nos envía a orar por un enfermo para que sane y cuando no lo hace.

Si el Espíritu de Dios mora en nuestros corazones y si somos capaces de escuchar su guía, no sólo podremos orar por sanidad, podremos ministrar a personas, podremos ser el canal de Dios para que Él haga milagros, podremos orar por bendición, es decir, todo aquello que nos envíe a hacer, recordando siempre que es Su Poder y que todo es para Su Gloria. No nos confundamos. A veces grandes hombres y mujeres de Dios caen en este error. Recordemos siempre que podemos ser canales, pero quien bendice, quien hace es el Espíritu Santo de Dios.

También debemos tener cuidado, pues muchas veces por entusiasmo o por emocionalismo, creemos que Dios nos habla y en ocasiones, somos nosotras mismas y oramos por alguien o por algo y no pasa nada. Por ello, tenemos que poner atención y distinguir su voluntad, para actuar conforme a lo que Él realmente quiere. Un milagro no va a ocurrir a menos, que Él nos envíe, lo mismo una sanidad, una ministración.

Para mientras estamos seguras de poder distinguir la voz de Dios de nuestra propia voz, pidamos confirmaciones. Dios nos va a ir guiando hasta que podamos diferenciar su voluntad de la nuestra.

Dones del Espíritu

Lo anterior se aclara mejor en este pasaje de 1a. Corintios 12, 1-11: "En cuanto a los dones espirituales, hermanos, quiero que entiendan bien este asunto. Ustedes saben que cuando eran paganos se dejaban arrastrar hacia los ídolos mudos. Por eso les advierto que nadie que esté hablando por el Espíritu de Dios puede maldecir a Jesús; ni nadie puede decir: «Jesús es el Señor» sino por el Espíritu Santo.

Ahora bien, hay diversos dones, pero un mismo Espíritu. Hay diversas maneras de servir, pero un mismo Señor. Hay diversas funciones, pero es un mismo Dios el que hace todas las cosas en todos.

A cada uno se le da una manifestación especial del Espíritu para el bien de los demás. A unos Dios les da por el Espíritu palabra de sabiduría; a otros, por el mismo Espíritu, palabra de conocimiento; a otros, fe por medio del mismo Espíritu; a otros, y por ese mismo Espíritu, dones para sanar enfermos; a otros, poderes milagrosos; a otros, profecía; a otros, el discernir espíritus; a otros, el hablar en diversas lenguas; y a otros, el interpretar lenguas. Todo esto lo hace un mismo y único Espíritu, quien reparte a cada uno según él lo determina".

Pidámosle a Dios el don que pensamos con el que podemos servir mejor a nuestro prójimo. Nosotras nos conocemos y sabemos en qué área podemos ayudar más, anhelemos ese don espiritual, esa llenura del Espíritu Santo para que nos transforme y nos permita participar del reino de Dios, así como transformó a Pablo, léelo conmigo en Hechos 9,11-20: "Mientras tanto, Saulo, respirando aún amenazas de muerte contra los discípulos del Señor, se presentó al sumo sacerdote y le pidió cartas de extradición para las sinagogas de Damasco. Tenía la intención de encontrar y llevarse presos a Jerusalén a todos los que pertenecieran al Camino, fueran hombres o mujeres.

En el viaje sucedió que, al acercarse a Damasco, una luz del cielo relampagueó de repente a su alrededor. Él cayó al suelo y oyó una voz que le decía: -Saulo, Saulo, ¿Por qué me persigues?

–¿Quién eres, Señor? -preguntó. – Yo soy Jesús, a quien tú persigues -le contestó la voz-. Levántate y entra en la ciudad, que allí se te dirá lo que tienes que hacer. Los hombres que viajaban con Saulo se detuvieron atónitos, porque oían la voz pero no veían a nadie. Saulo se levantó del suelo, pero cuando abrió los ojos no podía ver, así que lo tomaron de la mano y lo llevaron a Damasco.

Cuando el Espíritu Santo habita en una persona se nota, sus gustos ya no son los mismos, su vocabulario y sus expresiones cambian.

Estuvo ciego tres días, sin comer ni beber nada. Había en Damasco un discípulo llamado Ananías, a quien el Señor llamó en una visión. –¡Ananías! -Aquí estoy, Señor.

–Anda, ve a la casa de Judas, en la calle llamada Derecha, y pregunta por un tal Saulo de Tarso. Está orando, y ha visto en una visión a un hombre llamado Ananías, que entra y pone las manos sobre él para que recobre la vista. Entonces Ananías respondió: –Señor, he oído hablar mucho de ese hombre y de todo el mal que ha causado a tus santos en Jerusalén. Y ahora lo tenemos aquí, autorizado por los jefes de los sacerdotes, para llevarse presos a todos los que invocan tu nombre.

En cambio, el fruto del Espíritu es amor, alegría, paz, paciencia, amabilidad, bondad, fidelidad, humildad y dominio propio. No hay ley que condene estas cosas.

–¡Ve! -insistió el Señor-, porque ese hombre es mi instrumento escogido para dar a conocer mi nombre tanto a las naciones y a sus reyes como al pueblo de Israel. Yo le mostraré cuánto tendrá que padecer por mi nombre.

Ananías se fue y, cuando llegó a la casa, le impuso las manos a Saulo y le dijo: "Hermano Saulo, el Señor Jesús, que se te apareció en el camino, me ha enviado para que recobres la vista y seas lleno del Espíritu Santo".

Al instante cayó de los ojos de Saulo algo como escamas, y recobró la vista. Se levantó y fue bautizado; y habiendo comido, recobró las fuerzas. Saulo pasó varios días con los discípulos que estaban en Damasco, y **en seguida se dedicó a predicar** en las sinagogas, afirmando que Jesús es el Hijo de Dios". (Negritas de la autora).

La increíble conversión de Saulo es una prueba de la llenura del Espíritu y de la forma en que, cuando lo permitimos, el Espíritu Santo toma control en nuestras vidas y en algunos casos, la transforma de forma inmediata, noten cuando dice "en seguida".

Cuando el Espíritu Santo habita en una persona se nota, sus gustos ya no son los mismos, su vocabulario y sus expresiones cambian, tiene una conexión especial con Dios que es fácil de percibir. Además su vida comienza a dar frutos.

Frutos del Espíritu Santo

Dice el Señor por sus frutos los conoceréis,[22] y ¿cuáles son esos frutos? En Gálatas 5,22-23 los tenemos: "En cambio, el fruto del Espíritu es amor, alegría, paz, paciencia, amabilidad, bondad, fidelidad, humildad y dominio propio. No hay ley que condene estas cosas".

Leamos bien estos frutos, si hemos recibido al Señor Jesucristo en nuestro corazón, el Espíritu Santo vino a morar en nosotras. ¿Cuáles de estos frutos estamos dando con nuestras acciones? Pensemos si realmente le hemos permitido al Espíritu cambiar nuestra forma de pensar y de actuar o si lo tenemos contristado (entristecido, ignorado) sin percibirlo.

A medida que crezcamos en nuestra relación con Dios, poco a poco vamos a ir mostrando cada vez más esos frutos en nuestra vida. Podría ser de inmediato como le pasó a Pablo, a otros puede llevarnos más tiempo, pero si tenemos al Espíritu Santo morando en nosotras, siendo nuestro ayudador poco a poco va a ir transformando nuestras vidas.

A mí por ejemplo en estos últimos meses me ha venido adiestrando con relación a la paciencia, a tomar las cosas con calma, a no reaccionar antes de pensar bien las cosas, estoy segura que de aquí a un tiempo, podré mostrar ese fruto del Espíritu.

Reflexionemos sobre esto y luego, pidamos al Señor que el Espíritu Santo sea nuestro ayudador, que nos guíe, que nos instruya, que nos enseñe, que nos llene de fuerza y poder para vivir como verdaderas hijas suyas, que sea nuestro amigo, el consejero íntimo, a quien podamos recurrir en momentos de angustia y dolor, cuando necesitemos un consejo sabio y un maestro amoroso, confiable y bueno, de alguien que jamás nos va a traicionar.

A veces yo llamaba a una amiga para contarle mis cosas hasta que una vez sentí que ella se burlaba de lo mío, también escuché esa voz suave del Espíritu que me decía "habla conmigo, yo te escucharé y te ayudaré". Talvez eso nos dice a todas.

También pidamos a Dios que los frutos de Él viviendo en nuestro interior se manifiesten en cada área de nuestras vidas para poder reflejar su amor y su poder, para la misión que nos encomiende.

¡Dios nos prepara!

---

[21] Lucas 10,8-9
[22] Mateo 7,16

Capítulo VIII

Dios nos envía

En el capítulo anterior leímos como el Espíritu Santo nos prepara para nuestra misión en el Plan de Dios, ahora evaluemos el siguiente paso. "Por lo tanto, vayan y hagan discípulos de todas las naciones, bautizándolos en el nombre del Padre, del Hijo y del Espíritu Santo, enseñándoles a obedecer todo lo que les he mandado a ustedes. Y les aseguro que estaré con ustedes siempre, hasta el fin del mundo".[23]

Cuando nos ocupamos de las cosas del Señor, Él se ocupa de las nuestras, dicen muchos predicadores. En estos versículos que cité en el párrafo anterior que se conoce como la "Gran Comisión", Jesucristo nos lo deja claramente establecido, mientras nos ocupamos de hacer discípulos en todas las naciones Él va a estar con nosotros.

A veces no todos podemos ser misioneros en otros países, no podemos dedicarnos a compartir nuestra fe y nuestras experiencias con personas de otras naciones, pero perfectamente podemos compartirla con las personas que tenemos cerca. Con una sola vida que afectemos positivamente, con una sola persona a la que le compartamos las buenas nuevas de Jesús, sería suficiente para que nuestro mundo fuera diferente. Si estuviéramos dispuestas tan sólo a eso, afectaríamos positivamente nuestro planeta.

Ama a tu prójimo como a ti mismo, dijo Jesús y si tenemos una relación que ha transformado nuestra vida, que nos ha cambiado como personas, que nos ha dado nuevas fuerzas, nuevas esperanzas, nuevas ilusiones

¿cómo no compartir esto con las personas más cercanas que tenemos a nuestro alrededor?

Inclusive ahora, a través de las redes sociales, también podemos llegar a influenciar a personas que ni siquiera podemos imaginarnos como recibió el mensaje. En mi página de *facebook* por ejemplo, tengo amigos que han dado "me gusta" de diferentes países del mundo.

"Hagan brillar su luz delante de todos, para que ellos puedan ver las buenas obras de ustedes y alaben al Padre que está en el cielo".

¿Por qué debemos hablarles a otras personas sobre Dios?

En Mateo 5,13-16, Jesús nos explica la importancia de esto, cuando dice: "Ustedes son la sal de la tierra. Pero si la sal se vuelve insípida, ¿cómo recobrará su sabor? Ya no sirve para nada, sino para que la gente la deseche y la pisotee.

Ustedes son la luz del mundo. Una ciudad en lo alto de una colina no puede esconderse.

Ni se enciende una lámpara para cubrirla con un cajón. Por el contrario, se pone en la repisa para que alumbre a todos los que están en la casa.

Hagan brillar su luz delante de todos, para que ellos puedan ver las buenas obras de ustedes y alaben al Padre que está en el cielo".

Esto es muy interesante, pues se dice que en tiempos antiguos cuando no existían los procesos de refrigeración, se usaba sal para conservar los alimentos, de ahí su gran importancia. De hecho parte del pago de las personas se les daba en sal, como cosa muy importante, de ahí que se comenzara a llamar salario al pago mensual que recibimos por nuestros trabajos. Así de importante somos los seguidores de Cristo para la tierra, somos el sabor que permite que la vida se conserve bien, que no se arruine...

La luz del mundo, es increíble que podamos pensar que somos Luz, la luz posee cualidades extraordinarias, es lo que permite que nuestro planeta tenga vida, es la creadora del progreso, entre otras cosas destacadas y Jesús nos dice que somos la Luz, pero que no debemos estar encerrados ni escondidos.

Jesús nos pide que hagamos brillar esa luz, es decir que compartamos con los demás nuestras vidas, nuestras obras para que otras personas puedan llegar a Dios.

Aunque sea débil o pequeña, dijo alguien la luz, siempre es luz. No importa si nosotros somos pequeños ante nuestros propios ojos. Lo que importa es cómo Dios nos mira y lo que somos para Él y sobre todo que Él nos respalda.

En la Biblia hay varios ejemplos de hombres y mujeres que no se creían especiales o capaces de realizar las obras que Dios les encomendaba: Moisés, Gedeón, entre otros. Pero Dios no nos mira a través de nuestros ojos o de nuestros pensamientos, Él nos mira a través de sus sueños para nosotras. Él sabe de qué estamos hechas pues es nuestro creador, sabe hasta donde podemos llegar, ¡Dios cree en nosotras!

En la Biblia hay una historia muy interesante, invito a que la leamos toda, aquí solo se ha copiado parte de ella, es la historia de Gedeón:

"Cuando el ángel del Señor se le apareció a Gedeón, le dijo: ¡El Señor está contigo, guerrero valiente!

Pero, señor replicó Gedeón, si el Señor está con nosotros, ¿cómo es que nos sucede todo esto? ¿Dónde están todas las maravillas que nos contaban nuestros padres, cuando decían: ¡El Señor nos sacó de Egipto!? ¡La verdad es que el Señor nos ha desamparado y nos ha entregado en manos de Madián!

El Señor lo encaró y le dijo:

Ve con la fuerza que tienes, y salvarás a Israel del poder de Madián. Yo soy quien te envía.

Pero, Señor objetó Gedeón, ¿cómo voy a salvar a Israel? Mi clan es el más débil de la tribu de Manasés, y yo soy el más insignificante de mi familia.

El Señor respondió:

Tú derrotarás a los madianitas como si fueran un solo hombre, porque yo estaré contigo".[24]

Observemos bien todos los pretextos de Gedeón y analicemos como se consideraba él. "Mi clan es el más débil y yo soy el más insignificante..." Pero Dios lo miraba como un guerrero fuerte y valiente.

Dios no nos mira con nuestros ojos, para Él somos hermosas, dignas de honra, su mirada hacia nosotras es la de un padre maravilloso que nos ama, Él sabe los planes que tiene para nuestra vida, Él tiene sueños especiales para que los llevemos a cabo, pero tenemos que querer, tienes que querer.

Una vez estaba contemplando una rosa, pensando en lo hermosa que era y escuché la voz de Dios que me decía "Así te veo a ti", le dije Señor si eso es cierto, que nunca falten las rosas en mi casa. Hasta el día de hoy nunca ha faltado una rosa en mi casa, hay momentos que hay muchas, hay momentos en que hay pocas, pero siempre hay, sin tener jardín, las rosas se dan en macetas. El amor de Dios es inagotable y para Él somos maravillosas. Una madre, va a comprender esto, si alguien le pregunta ¿como es su hijo o su hija? inmediatamente dirá que es hermosísima o muy guapo, y si le pregunta acerca de los planes que tiene para su vida, esa madre dirá que va a ser un gran médico o un exitoso ingeniero o una artista destacada o una gran administradora de empresas. ¿Creen que alguna madre podrá ver a su hijo o hija como una persona fracasada, como alguien que ande pidiendo limosna?, ¿verdad que no?

Si humanamente nosotros queremos lo mejor para nuestros hijos y tenemos sueños y esperanzas en ellos, ¡cuánto más Dios!, Nuestro Padre Eterno y Celestial ¿no querrá darnos todo lo bueno que hay en el mundo?, recordemos lo que dice Mateo 7,11 "Pues si vosotros, siendo malos, sabéis dar buenas dádivas a vuestros hijos, ¿cuánto más vuestro Padre que está en los cielos dará cosas buenas a los que le piden?".

El amor que hemos recibido debemos transmitirlo, lo que hemos aprendido compartirlo, en fin, dar a otros lo que a nosotros nos ha servido tanto para cambiar nuestras vidas.

Escuchemos su voz, busquémoslo, conozcámoslo, para que sus planes puedan hacerse realidad en nuestras vidas, para que lleguemos a ser las mujeres que él sueña que seamos.

Uno de esos sueños y una misión especial, es cuando Dios nos pide que vayamos y compartamos nuestra fe con otras personas. En realidad, muchas veces no conocemos la enorme necesidad de la gente de conocer de

Dios y hay algunas amigas, parientes, empleadas, subalternas o inclusive jefes, a las que solo nosotras vamos a poder alcanzar o a quienes podamos ver en el momento oportuno, en la circunstancia adecuada, hay amigos o familiares que sólo van a querer escuchar de Dios a través de nosotras y de nuestra experiencia, esas personas son nuestra responsabilidad. No nos callemos, no permitamos que esas vidas se pierdan por callarnos. Atrevámonos a hablarles.

Recordemos siempre: la vida que recibimos, debemos darla. Lo que se recibe por gracia, se entrega por gracia o en las palabras de Jesús: "Lo que ustedes recibieron gratis, denlo gratuitamente".[25]

Tampoco olvidemos que el Espíritu Santo nos dará las palabras correctas cuando queramos compartir las buenas nuevas de Jesús, así que no tenemos excusa. Hasta nos vamos a sorprender cuando comencemos a hablar pues no vamos a saber cómo pudimos hacerlo ya que lo que digamos nos va a ser dado. Cuando vuelvo a leer este libro me sorprendo de todo lo que escribí, en realidad, lo que Él me dictó. Es importante mencionar que sólo necesitamos estar dispuestas, Dios, a través del Espíritu Santo, hace el resto.

¡Compartamos la palabra de Dios, compartamos bendición!

¡Dios nos envía!

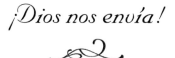

[23] Mateo 28,19-20
[24] Jueces 6,12-16
[25] Mateo 10,8b

Segunda Parte
Caminando con Dios

A esta segunda parte del Libro, le he llamado "Caminando con Dios" y es prácticamente una carpintería. ¿Qué pasa en una carpintería?, bueno, se crean piezas de madera para hacer muebles y objetos de madera, de igual forma, se reparan muebles o se cambian partes a algunas cosas para que funcionen bien.

Así pasa en nuestras vidas, a veces, debemos ir a un taller para que nos quiten cosas que no están funcionando bien, para que "lijen" adecuadamente otras áreas de nuestra vida, para que tengan una forma adecuada, talvez debemos pegarnos otros elementos y finalmente, para que con nuevas piezas integradas, tengamos una vida buena, funcional, plena, bien pintada y reluciente.

Si comprendemos lo valiosa que es nuestra vida, lo importante que somos para el plan de Dios y si queremos seguir a Jesús, en esta segunda parte, el Señor "tratará" con nuestra vida, ¿qué significa esto? que nos llevará a su taller y hará lo que ya te comenté, quitar, lijar, pegar o agregar cosas a tu vida, para que comencemos a caminar con Él, para que lo sigamos.

Dios no ofrece una vida sin problemas, sin dolor, sin tristeza. Pero sí nos ofrece estar con nosotras a cada instante. Caminando con Jesús nuestra vida adquiere sentido, significado y propósito.

Capítulo IX

Apartadas del mundo

Cuando le abrimos el corazón a Jesucristo, aceptándolo en nuestra vida y comenzamos a caminar con él, quisiéramos vivir en otro mundo, en otra galaxia o en el cielo mismo, porque lo que aprendemos se contradice con los hechos que a diario vemos a nuestro alrededor, en las calles, en nuestras oficinas, en nuestra casa incluso y que debemos soportar.

En realidad, vivimos tiempos muy difíciles para todos y de una u otra forma nos afecta, pero aun en medio de las crisis, debemos recordar que aunque vivamos en el mundo, ya no pertenecemos a al mundo. ¿Cómo?, sí, Dios nos ha apartado, nos da una identidad nueva y nos permite ser "nuevas criaturas".

En la segunda carta a los Corintios 5,17 literalmente Pablo escribe: "Por lo tanto, si alguno está en Cristo, es una nueva creación. ¡Lo viejo ha pasado, ha llegado ya lo nuevo!".

Todo es hecho nuevo, es decir que nuestras costumbres ya no tienen que ser iguales, podemos comenzar a vivir una vida diferente y plena, aunque las circunstancias a nuestro alrededor sean las mismas. Esto pareciera confuso, pero en realidad es simple. Quienes hemos cambiado somos nosotras y eso significa que podemos responder en forma diferente a las mismas circunstancias o a las mismas actitudes de las personas con las que nos toca trabajar o vivir.

La Biblia también dice lo siguiente: "No vivan ya de acuerdo con las reglas de este mundo; al contrario, cambien su manera de pensar para que así se renueve toda su vida".[26]

Pero si
nos cuidamos
y vivimos
vidas agradables
a Dios
las cosas
van a ser
mucho
más fáciles.

En otras palabras: cambiar nuestra forma de hacer las cosas, por ejemplo: si en el mundo se acostumbra a vivir desenfrenadamente, no lo hagamos; si la sociedad en que vivimos acepta por ejemplo el intercambio de parejas, pues no participemos de eso. También como ejemplo si en nuestro trabajo todos acostumbran salir y emborracharse o endrogarse, no lo hagamos. No somos iguales, Dios nos selló como hijas suyas, nos hizo nuevas criaturas y no tenemos porqué vivir como viven los demás. No tenemos que hablar mal para "ser aceptadas", atrevámonos a ser diferentes.

Al principio podrán burlarse de nosotras, podrán decirnos cosas duras, pero cuando los demás enfrenten una necesidad nos buscarán y poco a poco si perserverámos firmes nos van a respetar y admirar.

Nuevas criaturas

Talvez nos preguntemos ¿qué significa esto de ser una nueva criatura? para mí vivir bajo las reglas de Dios en este mundo. Vivir vidas agradables a Dios, cuidarnos, cuidar nuestra boca de decir cosas incorrectas, nuestros ojos de ver cosas que le desagradan a Dios, cuidar nuestro cuerpo. No creo que Dios espere que nos castiguemos físicamente o que nos vistamos en forma rara, mientras nuestra ropa sea decente, todo esta bien. Tampoco creo que Dios espera que nos volvamos como robots, sin emociones, sin sensaciones, amargadas, tristes. Creo que con el apoyo de Dios poco a poco vamos a ir cambiando, pero si pecamos, confesemos ese pecado y sigamos intentando vivir como hijas de Dios. La Biblia lo dice claramente: Si confesamos nuestros pecados, Dios, que es fiel y justo, nos los perdonará y nos limpiará de toda maldad[27] y en el siguiente capítulo insiste "Mis queridos hijos, les escribo estas cosas para que no pequen. Pero si alguno peca, tenemos ante el Padre a un intercesor, a Jesucristo, el Justo"[28].

Esta no es una "licencia" para pecar, pero sí para entender que como humanos, como personas fallamos, por lo tanto debemos ser capaces de llegar con humildad ante el Padre para decirle "lo siento", "me equivoqué" o "caí otra vez",... Como ya lo he comentado, Dios nos dice: "no espero perfección, sólo que me ames, que confíes en mí, que aprendas a esperar en mí. Espero que me coloques en primer lugar en tu vida, que me aceptes y que por amor a mí, evites hacer cosas que te perjudican, que no te hacen bien y con ello vas a vivir una vida más plena pues yo voy a estar a tu lado. También nos dice confíen y vengan a mí si están cansadas y cargadas.[29]

A veces vamos a ceder a la presión del grupo y vamos a salir a bares o a lugares así, eso no está mal del todo, yo preferiría no hacerlo por el testimonio, pero si lo hacemos limitemos nuestra bebida y cuidemos nuestro comportamiento y compañía.

Eso es ser una nueva criatura, saber que todos los días vamos a intentar ser cada vez mejores, por amor a Dios. Podremos cometer errores, caer en algún momento de nuestra vida, pero Dios espera que si nos equivocamos nos arrepintamos de todo corazón y busquemos su perdón con humildad y sencillez. Espera que poco a poco nos alejemos de lo que se acostumbra a hacer en el mundo y hagamos más lo que Dios nos guíe a hacer.

Eso es ser apartadas, eso es ser escogidas. Cambiar y nunca volver atrás. Comenzar una nueva vida con Él y para Él. Como dijimos Dios nos aparta, nos hace una nueva criatura y comienza a caminar con nosotras, lo mejor que podemos hacer es reflejar ese cambio en nuestras vidas sin miedo, hagamos que "se note". Dice Pablo en la carta a los Efesios en el Capítulo 4,23-32 "...Sean renovados en la actitud de su mente; y póngase el ropaje de la nueva naturaleza, creada a imagen de Dios, en verdadera justicia y santidad. Por lo tanto, dejando la mentira, hable cada uno a su prójimo con la verdad, porque todos somos miembros de un mismo cuerpo. 'Si se enojan, no pequen.' No dejen que el sol se ponga estando aún enojados, ni den cabida al diablo. El que robaba, que no robe más, sino que trabaje honradamente con las manos para tener qué compartir con los necesitados. Eviten toda conversación obscena. Por el contrario, que sus palabras contribuyan a la necesaria edificación y sean de bendición para quienes escuchan. No agravien al Espíritu Santo de Dios, con el cual fueron sellados para el día de la redención. Abandonen toda amargura, ira y enojo, gritos y calumnias, y toda forma de malicia. Más bien, sean bondadosos y compasivos unos con otros, y perdónense mutuamente, así como Dios los perdonó a ustedes en Cristo..."

Instrucciones sumamente claras, ¿cierto? Lo importante, reflejar ese cambio en nuestra vida. Reflejar lo que decimos creer. No tengamos miedo de ser un mal ejemplo. Afectamos más a las personas callando lo que somos, que diciendo "no somos especiales, somos perdonadas y estamos intentando ser Cristianas, estamos comenzando a caminar con Jesucristo".

Es cierto, podremos cometer errores, pero vamos a tener muchos aciertos y ésos son los que necesitamos que los demás vean. Hay un grupo de jóvenes de una Comunidad que tiene una camiseta muy bonita con el triángulo símbolo que colocan en las carreteras cuando están realizando trabajos y dice: "Disculpe las molestias, siervos en construcción". Una camiseta así deberíamos colocarnos todas. Recordemos cristianismo no es sinónimo de perfección, es sinónimo de amor.

Aunque cometamos errores, perdamos la paciencia, nos enojemos, etc., poco a poco, mientras más nos acerquemos a Jesús, estas cosas y situaciones van a suceder en menor cantidad y poco a poco, van a ir desapareciendo a medida que crezcamos en su gracia, en su palabra, en nuestra relación con Él.

Aunque nos equivoquemos o pequemos, comencemos a caminar como cristianas y a tratar de "ser y parecer", genuinamente, poniendo en práctica lo aprendido. ¿Cómo? El amor que hemos recibido debemos transmitirlo, lo que hemos aprendido compartirlo, en fin, dar a otros lo que a nosotros nos ha servido tanto para cambiar nuestras vidas. Esa es la razón por la que escribo este libro, para dar lo que me fue dado.

"Eviten toda conversación obscena. Por el contrario, que sus palabras contribuyan a la necesaria edificación y sean de bendición para quienes escuchan".

También es fundamental que aprendamos a decir NO, a aquello que nos puede dañar tanto física como espiritualmente y que aprendamos a decir que somos cristianas. Este paso es uno de los más difíciles en la vida de cualquiera, ya que a veces nos da pena, pues no sabemos qué pensarán los demás o si nos van a tildar de fanáticas, etc., incluso comenzar a leer la Biblia o enseñársela a un grupo de personas, es muy difícil y nos cuesta hacerlo...

La verdad es que mientras más rápido demos ese paso, sin importar lo que piensen los demás, mientras más leamos la Biblia, mientras más asistamos a reuniones o a prédicas, conciertos o actividades de la Iglesia, de las comunidades, de los grupos, mientras más oremos, mientras más digamos NO a aquello que puede perjudicarnos, más rápido estaremos caminando en la vida cristiana con las bendiciones y promesas que el Señor nos ha preparado.

Apartémonos de las tradiciones y de las actividades de la gente, comencemos a vivir nuestras propias vidas sujetas a Dios.

No nos conformemos a vivir con las reglas de este mundo, ¡atrevámonos a ser diferentes! En Deuteronomio 30,19 Dios dice lo siguiente: "Hoy pongo al cielo y a la tierra por testigos contra ti, de que te he dado a elegir entre la vida y la muerte, entre la bendición y la maldición. Elige, pues, la vida, para que vivan tú y tus descendientes".

Escojamos pues la vida, siendo, pareciendo y poniendo en práctica el cristianismo.

¡Apartadas del mundo!

---

[26] Romanos 12,2
[27] 1 Juan 1,9
[28] 1 Juan 2,1
[29] Mateo 11,28

Capítulo X

Pensemos de nosotras con cordura

A lo largo de nuestra vida vamos acumulando diferentes tipos de cargas, de heridas y vamos arrastrando cosas que no queremos soltar y que nos hacen daño. En forma consciente o no, acumulamos recuerdos negativos que van minando nuestra autoestima, nuestro gozo y pueden hasta enfermarnos. Estas heridas se van transformando en resentimientos, en falta de perdón, en dolor, en amargura, en tristeza...

A veces cuando pensamos en nosotras mismas, nos vemos en un espejo empañado por esas heridas, por ese dolor y eso nos da un reflejo que no es sano de nosotras.

¿Por qué?, puede ser por:

- Lo que nos dijeron: insultos, errores, malas expresiones, juicios equivocados, "nadie te va a querer porque eres fea", "la que nace para maceta no pasa del corredor", "eres tonta", etc., etc., etc.

- Lo que nos hicieron: golpes, castigos muy duros, avergonzarnos en público, abusos, etc., etc., etc.

También puede ser por cosas que jamás nos dijeron como "yo creo en ti", "eres mi amor", "eres mi princesa", "todo va a estar bien", "mami te quiere", "papi te quiere", "eres inteligente", "vas a triunfar" o por lo que nunca hicieron por nosotras como faltarnos cuando más necesitábamos a alguien a nuestro lado, los rechazos que sufrimos, etc., etc., etc.

He usado muchos etcétera a propósito pues ahí debemos colocar nuestra experiencia personal, lo que me pasó, lo que te pasó, cómo nos hicieron daño. No para que abramos una herida, sino para que la cerremos definitivamente.

Lo primero que debemos asimilar correctamente es que somos hijas de un Gran Rey y si somos hijas de un Rey somos PRINCESAS.

En este momento quisiera que reflexionemos y recordemos lo que nos pasó, lo que nos dijeron, tomémonos unos minutos... Ahora quiero que borres eso y pienses en quién realmente eres, en quienes sí somos. Así podremos vernos en el espejo limpio y claro de Dios, a través de sus ojos de amor.

Amiga quiero hacer un paréntesis en este momento con mi oración para que el Espíritu Santo pueda convencerte de esta verdad tan importante y puedas dejar atrás sentimientos de tristeza, de soledad, de dolor, menosprecio, poca autoestima y cambiarlos por gozo, paz, amor, confianza y seguridad. -Padre obra en los pensamientos de cada persona que lea este libro para que deje de verse con ese dolor, a través de esos recuerdos y se vea como tú la ves. Amén-.

Lo primero que debemos asimilar correctamente es que somos hijas de un Gran Rey y si somos hijas de un Rey somos PRINCESAS. Talvez por no saberlo, hemos vivido nuestra vida como huérfanas, desoladas o como mendigas. Hemos prestado oído a lo que no somos. Por favor prestemos oídos a lo que sí somos, a lo que sí eres.

Leamos estos pasajes: "Escúchenme, costas lejanas, oigan esto, naciones distantes: El Señor me llamó antes de que yo naciera, en el vientre de mi madre pronunció mi nombre".[30] Este pasaje nos confirma que no somos un "accidente", que el Señor nos llamó desde antes que naciéramos. "Tú creaste mis entrañas; me formaste en el vientre de mi madre".[31] Dios estaba pendiente de cada una de nosotras desde que apenas éramos una célula que comenzaba a formar un pequeño cuerpecito dentro del vientre de nuestra madre. Él estaba ahí viéndonos cuando estábamos en gestación. "No temas, que yo te he redimido; te he llamado por tu nombre; tú eres mío".[32] Lo mencionamos al inicio, el nombre que Dios nos da es Mía eres tú. Es un nombre de pertenencia, de amor.

¿Vamos comprendiendo quiénes somos para Dios? "El día que yo actúe ellos serán mi propiedad exclusiva dice el Señor Todopoderoso. Tendré compasión, como se compadece un hombre del hijo que le sirve".[33] (Subrayado de la autora). En otra versión dice porque son "mi especial tesoro". Sigue leyendo conmigo: "Pero ustedes son linaje escogido, real sacerdocio, nación santa, pueblo que pertenece a Dios".[34] Después de leer estos pasajes es imposible que dudemos del amor de Dios y de lo valiosas que somos a sus ojos, valemos la sangre de su Hijo.

Talvez nos preguntemos ¿cómo puedo saber que soy hija de Dios?, en el evangelio de Juan nos dice en el capítulo 1,12-13 "Mas a cuantos lo recibieron, a los que creen en su nombre, les dio el derecho de ser hijos de Dios. Éstos no nacen de la sangre, ni por deseos naturales, ni por voluntad humana, sino que nacen de Dios".

Si hicimos la oración de aceptación y recibimos a Jesús, si creemos en Él, si estamos intentando caminar con Él, si buscamos escuchar de Él, Dios nos dice que tenemos el derecho de ser sus hijas y si hijas, herederas y como hijas de un Gran Rey, somos Princesas.

Dios conoce nuestro pasado, nuestro presente y lo que será nuestro futuro. Él nos creó y nos cuidó desde el vientre de nuestra madre y luego cuando le abrimos el corazón nos entrega un diploma que llevamos grabado en el pecho o en la frente que dice "Hija de Dios", ¿no es un título maravilloso? Estoy segura que si supiéramos y nos comportáramos como quienes realmente somos, tendríamos una actitud diferente y podríamos tener el mundo a nuestros pies.

Dejaríamos nuestras ideas, nuestros vicios, nuestras actitudes negativas, nuestros miedos y enfrentaríamos cada día con entusiasmo, con valor, con energía, con mucho amor para compartir. Tampoco nos veríamos forzadas a tratar de complacer a los demás, para sentirnos "aceptadas" o "queridas", en otras palabras, no mendigaríamos amor ni aceptación. Tendríamos una vida plena y satisfecha. De la misma forma, no entregaríamos nuestro corazón a quien no lo merece.

Vamos a hacer un ejercicio en este momento, en el lugar en que nos encontremos cuando estemos leyendo esta parte. Detengámonos un minuto, sin distracciones y pensemos qué es lo más hermoso de este mundo para nosotras. Si pudiéramos escoger una cosa de este mundo ¿qué sería lo más hermoso? Para mí, las rosas. ¿Qué es lo más hermoso para ti? ¿Un atardecer, una montaña, un árbol, una flor, qué?

Proyectemos esa imagen en nuestra mente, una vez que la hayamos visto, quiero que estemos seguras que así nos ve Dios. Para Él somos hermosas, inteligentes, especiales, tenemos dignidad y valor. No importa el pasado, si tuviéramos que pedir perdón por algo, pidámoslo y quedémonos tranquilas con la convicción que hemos sido perdonadas y ahora somos esa estrella maravillosa que Dios puso en este mundo.

Recortemos esa imagen y llevémosla con nosotras, o pongámosla en la computadora, en la agenda, en el escritorio, en la refrigeradora, en la billetera y cada vez que la veamos, recordemos que así nos ve Dios y comencemos a vernos a través del espejo limpio y claro de Dios.

Hagamos un alto en el camino y marquemos este día como un nuevo comienzo, hoy comienza nuestra nueva vida. Hoy vamos a conocernos plenamente como mujeres, hagamos una lista de nuestras cualidades, de todas las cosas positivas que tenemos y vamos a ir afirmando nuestra autoestima poco a poco.

Tratemos de desarrollar en este día una de esas cualidades para que sea fácilmente percibida por los demás, el día de mañana proyectemos otra y así, hasta que mostremos todas nuestras cualidades. Por ejemplo si una de esas cualidades es ser comprensiva, este día mostremos más eso, si alguien nos falla con alguna entrega, sepamos transmitir nuestra comprensión. Si por ejemplo una de nuestras cualidades es la puntualidad, mostrémosla hoy más que nunca, y así cada una de las cosas de la lista que hemos elaborado, hagámosla evidente a los demás.

Tratemos de proyectar adecuadamente todo lo bueno que hay en nosotras, y de reconocer y admirar las buenas cualidades que hay en los demás.

Proyectemos adecuadamente todo lo bueno que hay en nosotras y tratemos de reconocer y admirar las buenas cualidades que hay en los demás, así siempre mantendremos un balance. Además, si nos acostumbramos a reconocer las buenas cualidades de los demás, ellos mirarán las nuestras. Si tratamos a los demás con respeto y admiración, puedo asegurar que los demás también nos tratarán así.

Como comenté, antes de conocer al Señor, era una persona arrogante, creía que sólo yo podía hacer bien las cosas y que era muy inteligente, etc. Hoy me doy cuenta que con esa actitud pude herir a varias personas, me hice antipática para otros y talvez distancié a alguna gente. Ahora estoy en el camino de mejorar, a veces me equivoco, pero cada día me arrepiento y le digo a Dios, lo voy a volver a intentar, hoy me equivoqué, hoy perdí la paciencia, hoy dije algo equivocado, hoy hice algo incorrecto… por favor, ayúdame a continuar cambiando para ser la mujer que tú anhelas que sea.

Dios me perdonó por esa actitud y me continúa perdonando cada día, espero que también las personas a los que ofendí o minimicé, también algún día puedan disculparme. Si este libro llegara a sus manos quisiera pedirles eso, que me disculpen.

Pero por mi ejemplo, pido que no nos vayamos a los extremos, reconocer nuestras cualidades no significa que nos volvamos orgullosas, vanidosas o prepotentes, ni que veamos de menos a los demás, tenemos que tener una imagen positiva, pero correcta.

Pensemos de nosotras con cordura, de la forma correcta, con humildad no con humillación ni con exaltación. Dice la palabra de Dios: "Nadie tenga un concepto de sí más alto que el que debe tener, sino más bien piense de sí mismo con moderación, según la medida de fe que Dios le haya dado".[35]

Veámonos a través del espejo limpio y claro de Dios, a través de sus ojos de amor y proyectémonos ante los demás como una hija amada, como una Princesa de Dios.

¡Pensemos de nosotras con cordura!

[30] Isaías 49,1   [31] Salmo 139,13
[32] Isaías 43,1   [33] Malaquías 3,17
[34] 1 Pedro 2,9   [35] Romanos 12,3

Capítulo XI

Dejemos las cosas que no le agradan

Santidad es dedicar a Dios una cosa o persona. En este sentido, la santificación es un deseo de consagrarse uno mismo al Señor. Un deseo que proviene de nosotras mismas, el deseo de agradar a Dios en todo, de servirle con todo el corazón, de ofrecernos como sacrificio vivo, agradable para Él, dejando o apartando las cosas y actitudes que no le agradan, que no son parte de nuestra vida cristiana.

La santidad es lo que nos distingue de las demás personas. Recordemos que en el capítulo IX vimos que aunque vivamos en este mundo somos diferentes, ya no nos van a gustar las mismas cosas, que poco a poco vamos a ir cambiando.

Por ejemplo si antes disfrutábamos con chistes pasados de tono, poco a poco nos damos cuenta que ahora nos molestan; que si antes nos gustaba ir a que nos leyeran el futuro a través de cartas o algo parecido, de pronto ya no sentimos interés por cosas así. No es que nos volvamos personas sin emociones, aburridas, no, pero encontramos gozo y felicidad en otras cosas, en las cosas buenas, en las que te pueden asegurar una alegría duradera. La palabra de Dios dice: "Me seréis santos, porque Yo soy santo,"[36], y en otro pasaje: "Así como aquel que nos llamó es santo, sed también vosotros santos en toda vuestra manera de vivir; pues escrito está: Sed santos, porque Yo soy santo".[37] Aunque parezca sumamente difícil e inalcanzable, Dios pide que vivamos una vida de santidad, una vida de perfección, es decir, una vida de madurez cristiana. ¿Cómo logramos esto?, fijando los ojos en Él y apartando TODO lo que no lo glorifique.

Ayuda muchísimo llamar al pecado o a las faltas, a los errores por su nombre.

La primera reflexión de este tema es poder visualizar qué cosas en nuestra vida sentimos que nos apartan de Dios. Para que nos sea fácil identificarlas, pensemos... Si estuviéramos frente a Dios qué es lo que trataríamos de esconder de Él, qué nos daría pena decirle... ese hábito, eso que no podemos dejar, ese pecado recurrente o pensemos qué no haríamos delante de Él... Eso, se llame como se llame (infidelidad, mentira, robo, calumnia, pornografía...) que marca una brecha entre nosotras y Dios. Él quiere que se lo ofrezcamos hoy. Es decir, que renunciemos a eso por amor.

Para dejar cosas que no agradan a Dios ayuda muchísimo llamar al pecado o a las faltas, a los errores por su nombre, por ejemplo: no son muestras de cariño o un cariño prestado, se llama adulterio; no es tomar prestado, es robar; no es decir algo que no nos consta del todo, es una calumnia; cuando escuchamos lo feo que suena, nos percatamos de que es algo incorrecto y debemos evitar esto y otras cosas que no le agradan a Dios.

Quiero aclarar, no me refiero a errores o a pecados del pasado que Dios ya perdonó. Hablo de cuestiones recurrentes que no podemos dejar, relaciones indebidas que tenemos que parar, actitudes y comportamientos que no podemos mantener. Pues mientras sigamos enfrascadas en esas cosas, estaremos alejándonos de nuestro Señor y mientras más nos alejemos, más difícil será el camino de regreso.

También ayuda pensar en el ¿para qué?, por ejemplo, te sientes sola y quieres salir, buscas la compañía de un hombre casado, ¿para qué? analicémoslo, no conseguiremos nada, nuestra reputación puede verse dañada, nos podemos meter en un lío si la esposa nos ve, mejor salgamos solas ¿no? Siempre preguntémonos ¿para qué?. Te cuento una experiencia mía, yo tuve un noviecito con el que todos creíamos que me casaría, pero no fue así. El se casó, vive fuera, pero me seguía dando muestras de su amor, de su interés y cada vez que venía al país me llamaba y me quería ver. Al principio fue simpático verlo, pero de pronto, comencé a hacerme esa pregunta y ¿para qué verlo? me estoy exponiendo que me vean en público ocon un hombre casado, ¿para qué?, ¿para recordar una relación que no se dio?

Lee lo que dice el Apóstol Pablo en Gálatas 5,19-21 "Las obras de la naturaleza pecaminosa se conocen bien: inmoralidad sexual, impureza y libertinaje; idolatría y brujería; odio, discordia, celos, arrebatos de ira, rivalidades, disensiones, sectarismos y envidia; borracheras, orgías, y otras cosas parecidas. Les advierto ahora, como antes lo hice, que los que practican tales cosas no heredarán el reino de Dios".

No dice los que las han practicado y se arrepienten o se arrepintieron, sino los que continuamente las practican. Si creemos que ese pecado, que ese error es más fuerte que nosotras, puedo confirmar que no es cierto. Dios está de nuestro lado y si queremos hacer las cosas que le agradan y dejar las que no, Él nos dará las fuerzas, la convicción y la voluntad necesaria para hacerlo.

Como lo vimos antes, la palabra de Dios dice en Mateo 6,21 "Donde está tu tesoro, ahí estará tu corazón". Pensemos un momento y hagamos un análisis de nuestra vida, ¿dónde está nuestro corazón?, ¿estará en Jesús o en esa relación, en esa actitud, en esa acción?, en Proverbios 23,26 nos dice nuestro Señor "Dame hijo mío tu corazón y miren tus ojos por mis caminos". ¿Qué debemos hacer? entregarle nuestro corazón a Jesús sin reservas, amarlo con todas nuestras fuerzas, pedirle que dirija nuestros pasos, que "enderece nuestras veredas"[38], en pocas palabras, poner en sus manos nuestros planes, nuestras vidas.

Nuestro corazón es tan importante que en otra cita de Proverbios dice "Por sobre todas las cosas cuida tu corazón, porque de él mana la vida".[39] Del corazón fluye la vida, lo sabemos. Cuando nuestro corazón está bien, todo funciona bien, cuando nuestro corazón sufre o ha sido dañado, todo está gris, nada sale bien, nos sentimos tristes, derrotadas, etc.

Cuando alguien nos rompe el corazón ¿no sentimos acaso que se nos escapa la vida entre las manos?, pero meses después cuando la pasión, el dolor ha pasado, ¿no nos sentimos mal por haber sufrido por cosas, situaciones o personas que no valían la pena?

Demos nuestro corazón al único que es capaz de merecerlo y que nunca va a defraudarnos. Entreguemos nuestro corazón a Jesús. Si queremos hacerlo en este momento, digámosle que siempre va a ser Él quien tenga el primer lugar en nuestra vida. Que nos muestre su amor y que nos permita enamorarnos cada día más de Él. De esta forma nuestra vida cambiará radicalmente. No puedo garantizar que vamos a tener todo lo que esperamos, garantizo, comprometiendo a Dios en esto, que vamos a tener mucho más.

Al tomar esta decisión recordemos, que aunque las cosas no salgan como lo esperamos o queremos, no significa que Jesús no nos ama, simplemente que está respondiendo de otra forma nuestra petición.

Confiemos siempre que su "Voluntad es buena, agradable y perfecta"[40], nadie mejor que Él sabe lo que nos conviene. Así, por más grande que sea la tormenta, más grande es nuestro Dios. No nos apartemos nunca de Él, aferrémonos como niñas a su brazo de amor y misericordia.

Dios es un Dios bueno, maravilloso, amoroso y quiere lo mejor para nuestras vidas, pero muchas veces, lo que nos parece bueno, no lo es en verdad. En ese momento creámosle a Dios, si nos dice que no a algo o a alguien, es porque no nos conviene o tiene algo mucho mejor para nosotras.

Hay otra idea importante para mencionar, como dice un gran predicador, todas las grandes caídas comienzan por pequeñas grietas, por pequeños "permisos" que nos damos... Creemos que un beso es algo simple e inocente, el problema es que esas pequeñas grietas cada vez se hacen más grandes hasta que producen los grandes derrumbes, es decir, hasta que una edificación se derriba o una vida se acaba. Pues por ejemplo, ese beso se transforma en un abrazo y beso, luego en abrazo, beso, caricia y luego, sin darnos cuenta, pasó algo que no nos va a beneficiar en nada y sí puede destruir matrimonios, familias...

Cuidemos lo que hacemos, recordemos que aunque no haya nadie a nuestro alrededor, hay alguien arriba que nos ve.

Pensemos también que hay muchos hombres casados que sólo buscan un momento de placer y para conseguirlo pueden decir cualquier cosa que después no cumplirán y por supuesto todos tienen problemas en sus matrimonios, en sus hogares, su esposa no los comprende, la esposa se aprovecha y no sé que más cosas... Confiemos en Dios, pidámosle su dirección, con su guía evitaremos cometer errores que nos van a dar a grandes problemas y consecuencias terribles tanto a nivel personal como laboral o espiritual.

Cuando aceptamos al Señor Jesús en nuestra vida, se cumple la promesa que Él nos dejó que nos enviaría al consolador, al Espíritu Santo y si lo tenemos, nos convertimos en templos suyos, como ya vimos. Por lo tanto debemos cuidarnos. Debemos ser muy responsables con nuestros cuerpos, mentes y almas. Es decir, debemos ir dejando todo lo que no edifica nuestra vida. Percatémonos de la existencia del Espíritu Santo, aprendamos a distinguir su voz, es ese suave murmullo que nos habla al oído, que nos consuela, que nos aconseja, que nos hace sentir amadas o a veces lo que nos detiene, quien nos hace pensar dos veces si ir a algún sitio o no.

Aquí es importante hacer una pausa y no caer en una trampa difícil. Muchas veces al mirar lo que hicimos, nos arrepentimos y le prometemos a Dios ya no hacerlo nunca y a veces caemos en el error de nuevo. En ese momento tenemos que tener bien presente la misericordia y el amor inagotable de Dios. Arrepentimiento sí, auto-condenación no. Arrepintámonos de todo corazón, confesemos nuestro pecado y tengamos la plena certeza que Dios es fiel y justo para perdonarnos las veces que sea necesario y que nos dará las fuerzas para dejar las cosas que no lo glorifican en nuestra vida.

¡Dejemos las cosas que no le agradan!

---

36 Levítico 11,44 37 1 Pedro 1,15-16
38 Proverbios 3,6 39 Proverbios 4,23
40 Romanos 12,2

Capítulo XII

Abramos las puertas al cambio

Para poner en práctica todo lo que anotamos en el capítulo anterior, recordemos que nuestro caminar con Dios no es una carrera de velocidad, es una carrera de resistencia, ¿y qué debe hacerse para correr una carrera de resistencia? la respuesta es entrenar.

Ante esa afirmación surge naturalmente la pregunta ¿cómo podemos entrenar para caminar con Dios?

Quiero que tomemos en cuenta varios consejos recopilados de todas las prédicas, campañas y mensajes que he recibido a lo largo de mi vida y los que Dios ha puesto en mi corazón: en primer lugar la **lectura de su palabra,** tenemos que adquirir el hábito de la lectura diaria de la Biblia para poder ir conociendo a nuestro Dios, para ver el ejemplo de grandes hombres y mujeres a través de los cuales, Dios ha hecho cosas extraordinarias.

Con los Evangelios vamos a tener una idea de cómo es nuestro Señor Jesucristo, poco a poco, Él nos va a ir revelando más sobre su persona. En cada pasaje se encierra una verdad y como la palabra de Dios es algo vivo, en un momento de nuestra vida un pasaje va significar algo y posteriormente, en otro momento que necesitemos algo diferente, va a tener una acepción distinta y nos va a ministrar y ayudar en otra área. Es algo inexplicable, pero el Espíritu de Dios nos va revelando cosas distintas, especiales y nos va abriendo los ojos para que poder comprender cada pasaje ahí escrito. Tenemos tanta riqueza para leer y para comenzar nuestra "aventura con Dios", leamos un poco a cada día, cada mañana o cuando nos acostemos en la noche, para que descansemos confiadas y seguras.

"Así que
la fe viene como
resultado de oír
el mensaje,
y el mensaje
que se oye
es la palabra de
Cristo".

En segundo lugar, entrenamos para nuestro caminar con Dios **a través de la oración**. Las primeras veces podrá ser difícil saber qué decirle o cómo hacerlo. Luego talvez podemos caer en la rutina de hacer una oración con una lista casi como que fuera de supermercado, donde no dejamos de hablar ni de pedir. Aquí debemos considerar que orar es hablar con Dios y cuando se conversa con alguien tenemos que permitir que esa persona también hable. Tenemos que tener palabras sí, pero debemos también silencios en los que nos pueda contestar.

Un tercer paso, **es escuchar la palabra de Dios**. Es muy importante que asistamos a una iglesia donde escuchemos prédicas, sermones, también podemos sintonizar mensajes por la radio, televisión o por internet y es excelente formar parte de un grupo en el que estemos cómodas y tengamos personas afines.

En las iglesias, hoy día, hay grupos de niños, de jóvenes, de adultos, de solteros, de casados, de mujeres, grupos para estudiar, para reflexionar, etc. Busquemos un grupo en el que podamos participar, aprender y no dejemos de ir a los servicios diarios o semanales. Es importante que escuchemos la palabra de Dios, la Biblia dice: "Así que la fe viene como resultado de oír el mensaje, y el mensaje que se oye es la palabra de Cristo".[41]

Es importante también, como parte de este entrenamiento, **escuchar y cantar alabanzas**. Cuando uno alaba a Dios llega más fácilmente a su presencia. Sería bueno si encontráramos un sitio tranquilo donde podamos colocar un disco de alabanzas para que nuestro Espíritu se sintonice con el de Dios y podamos llegar hasta su Trono.

Es tan importante alabarlo, darle gracias, bendecirlo. Dios hace diariamente grandes maravillas por nosotras, vivimos bajo su ala protectora, bajo su cuidado, tenemos tantas cosas por qué darle gracias, ya lo dijo el Salmista: "Alaba, alma mía, al Señor, y no olvides ninguno de sus beneficios. Él perdona todos tus pecados y sana todas tus dolencias; Él rescata tu vida del sepulcro y te cubre de amor y compasión; Él colma de bienes tu vida".[42] No hay que hacer un esfuerzo muy grande para encontrar por qué alabarle, por qué bendecirlo, tan solo basta que abramos los ojos y encontraremos muchas razones para darle una genuina alabanza a nuestro Dios.

Otro paso muy importante para nuestra carrera con Dios **es cumplir sus mandamientos y obedecer su voluntad**. En la palabra de Dios hay una serie de normas que nos pide que sigamos, se conocen como mandamientos, hay uno que es el más importante, como lo afirmó Jesús: "Ama al Señor tu Dios con todo tu corazón, con toda tu alma y con toda tu mente' -le respondió Jesús-. Éste es el primero y el más importante de los mandamientos. El segundo se parece a éste: Ama a tu prójimo como a ti mismo.' De estos dos mandamientos dependen toda la ley y los profetas".[43]

No es necesario explicar tanto esto ¿cierto? Cuando amamos a Dios podemos hacer cualquier cosa, cuando amamos a alguien estamos dispuestas a realizar cualquier sacrificio por esa persona, sea un novio, un esposo, hijos, padres... Si amamos estamos dispuestas. Si amamos a Dios entonces también vamos a ser capaces de mostrar su amor, su misericordia, de reflejar su luz, de evitar hacer lo que no le agrada, entre otras cosas que Él nos vaya pidiendo y si amamos a los demás no haremos daño, daremos bendición, ayudaremos en lo que podamos... ¿nos damos cuenta de eso?

Del amor a los demás, se deriva hacer el bien: "Asegúrense de que nadie pague mal por mal; más bien, esfuércense siempre por hacer el bien, no sólo entre ustedes sino a todos".[44] En cuanto nos sea posible, hagamos el bien y "No nos cansemos de hacer el bien, porque a su debido tiempo cosecharemos si no nos damos por vencidos".[45]

En cada oportunidad que podamos, cuando un amigo nos pida un favor, cuando veamos a alguien en dificultades, cuando nos enteremos de alguna necesidad, ¡hagamos el bien!

Un paso más para esta carrera de resistencia con nuestro Dios, es **arrepentirnos genuinamente de nuestros errores y pedir perdón**. Hemos hablado bastante del perdón, pero para que Dios nos dé su perdón y borre para siempre nuestras trasgresiones debemos tener un arrepentimiento verdadero. Dice la Biblia que "David era un hombre conforme al corazón de Dios", sí, podría cometer errores, pero sufría de una forma incomparable cuando se percataba de sus faltas y tenía un genuino arrepentimiento, por eso es que Dios dice que fue un hombre recto y que anduvo en sus caminos. Esto me hace reflexionar y me confirma el mensaje que me dio: "Yo no exijo perfección, sino amor". Si nos equivocamos, arrepintámonos, pidamos perdón, pero sigamos adelante, la carrera hay que seguirla hasta el final, para poder decir un día como Pablo en la segunda carta a Timoteo 4,7 "He peleado la buena batalla, he terminado la carrera, me he mantenido en la fe".

Con estos pasos en nuestra vida cristiana estamos abriendo las puertas de nuestra mente, de nuestro cuerpo y de nuestra alma a un cambio, un cambio para bien, estaremos permitiendo que Dios nos transforme, que nos cambie, que nos ayude a modificar nuestros hábitos. ¿Si creemos que a nosotras Dios no nos puede transformar? Examinemos el cambio de la vida de Pablo que vimos en capítulo VI.

Es que cuando la presencia de Dios llega a nuestras vida, nos cambia profundamente y ya no podemos ser iguales, la velocidad de este cambio depende de nosotras, pero podemos estar segura que ya no somos iguales.

Ese fue el cambio que experimentó Pablo. Como sabemos llegó a ser un gran apóstol del Señor. Sufrió por la causa de Jesucristo pobrezas, naufragios, torturas, menosprecio, latigazos, golpes, cárceles... Pero siguió firme hasta el fin. Así es la carrera de resistencia a la que nos referimos.

No nos quedemos con la gracia de Dios, busquemos algo más, anhelemos algo más de Él. Recordemos que la presencia de Dios es el resultado de una búsqueda especial.

Gracia y Presencia

Hasta ahora contamos con la gracia de Dios, es decir su salvación, su perdón, su misericordia, a través de la vida de Jesucristo y de su sacrificio en la cruz. Pero la presencia de Dios es el resultado de una búsqueda constante, de la santidad, de una vida de oración.

Me gustaría que pudiéramos experimentar pronto la experiencia transformadora que da la presencia de Dios, pues si estamos con Dios, se nota. Si hemos estado con Él, no podemos salir igual. Cuando Moisés salió de la presencia de Dios, Aarón, su hermano le dijo que se cubriera el rostro pues le brillaba demasiado. Pedro no pudo pasar desapercibido en la muchedumbre pues había estado con Jesús, leamos en Mateo 26,72-74:

"Pero él negó otra vez con juramento: No conozco al hombre. Un poco después, acercándose los que por allí estaban, dijeron a Pedro: Verdaderamente también tú eres de ellos, porque aun tu manera de hablar te descubre. Entonces él comenzó a maldecir, y a jurar: No conozco al hombre. Y en seguida cantó el gallo". Aun tu manera de hablar... Sí, Dios también hace que uno hable diferente, por eso Pedro comenzó a maldecir, para tratar de ocultarse.

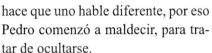

"Un hombre o una mujer con la presencia de Dios puede abrir el mar rojo, puede sanar a una persona, puede sacar un espíritu, puede darle órdenes a las cosas y éstas obedecerles".

Un hombre o una mujer con la presencia de Dios puede abrir el mar rojo, puede sanar enfermos, puede sacar un espíritu maligno, puede darle órdenes a las cosas y éstas obedecerles... Un hombre como Josué con la presencia de Dios le dio órdenes al sol para que se detuviera y pudiera terminar con sus enemigos.

Veámoslo en Josué 10,12-14 "Ese día en que el Señor entregó a los amorreos en manos de los israelitas, Josué le dijo al Señor en presencia de todo el pueblo: 'Sol, detente en Gabaón, luna, párate sobre Ayalón'.

El sol se detuvo y la luna se paró, hasta que Israel se vengó de sus adversarios. Esto está escrito en el libro de Jaser. Y, en efecto, el sol se detuvo en el cenit y no se movió de allí por casi un día entero.

Nunca antes ni después ha habido un día como aquel; fue el día en que el Señor obedeció la orden de un ser humano. ¡No cabe duda de que el Señor estaba peleando por Israel!". Impresionante ¿verdad? Sí, una persona con la presencia de Dios se transforma, no puede quedar igual.

Nosotras también podemos ser cambiadas por la presencia de nuestro Dios. Busquémosla, lleguemos a su Trono en alabanza, en adoración, en oración, haciendo el bien... Penetremos hasta su lugar santísimo y ahí, quitémonos las sandalias de la arrogancia, de la autosuficiencia y entreguémonos al Señor para que nos llene de su poder, de su amor, de su misericordia.

Sólo con su presencia nuestra vida va a adquirir un sentido diferente, no nos quedemos solo con la gracia de Dios, busquemos algo más, anhelemos algo más de Él. La gracia es un regalo, pero la presencia de Dios es el resultado de una búsqueda especial. De una carrera de resistencia, para la que tenemos que prepararnos diariamente.

"Si la gracia nos permite hacer cosas buenas, la presencia de Dios hace que todas las cosas sean buenas", decía un predicador, hace que cada conversación que tengamos sea una prédica, que cada palabra salida de nuestros labios sirva para edificar, que cada vez que impongamos manos, la gente sane, que cuando lleguemos a un sitio, los malos espíritus se alejen, que la gente perciba nuestra llegada, que cada experiencia en nuestra vida sea gratificante y de adoración para Dios.

Elías y Eliseo decían "Dios en cuya presencia estoy"[46] imaginemos lo que significa estar en el presencia de Dios, Elías oró a Dios y no llovió en la tierra por tres años y medio, luego oró y descendió fuego del cielo, después oró por lluvia y Dios abrió los cielos y envió lluvia.

Asimismo, Eliseo oró a Dios y le devolvió la vida a un niño; el ejército Sirio que lo sitiaba fue cegado y llevado a Samaria, desde donde los devolvieron a su país. Eliseo oró a Dios y envió a lavarse siete veces en el Jordán a Naamán general del Ejército sirio y fue limpio de su lepra.

.

También con su oración hizo que una vasija de aceite llenara muchos depósitos sin acabarse, para que una viuda y sus hijos tuvieran provisión para vivir. ¿Podemos ver lo que consigue la oración de un hombre o de una mujer con la presencia de Dios?

Muchas personas experimentan la gracia de Dios, pero muy pocas la presencia de Dios.

¿Por qué? porque la gracia se recibe, es un regalo, pero la presencia de Dios se busca, se anhela, es resultado de un esfuerzo y trabajo, de una entrega, de un amor profundo. La gracia nos hace sentir cómodas, nos sabemos perdonadas y amadas, es fácil aceptarla. Pero la presencia se busca, implica hacer sacrificios, amar tanto a Dios para ser capaces de dejar cualquier cosa, de perdonar, de obedecer...

Cuando le preguntaban a Madre Teresa de Calcuta como podía hacer tantas obras con su avanzada edad y sus quebrantos de salud, ella decía: "Tengo siempre presente al Señor, con Él a mi derecha, no vacilo". ¡Qué palabras más maravillosas! Con Él a nuestra derecha, no vacilemos! Demos estos pasos para abrir las puertas al cambio, para permitir que Dios no sólo que nos toque con su gracia, sino que nos transforme con su presencia.

¡Abramos las puertas al cambio!

---

41 Romanos 10,17   42 Salmo 103,2-5
43 Mateo 22,37-40   44 1a. Tesalonicenses 5,15
45 Gálatas 6,9   46 1a. Reyes 17,1 y 2a. Reyes 3,14

Capítulo XIII

Cedamos el control

En estas historias que le envían a uno por internet, había una muy interesante sobre un alpinista, probablemente la conocemos, pero, es importante volver a leerla.

El alpinista

Cuentan que un alpinista, desesperado por conquistar el Aconcagua inició su travesía, después de años de preparación, pero quería la gloria para él solo, por lo tanto subió sin compañeros. Empezó a subir y se le fue haciendo tarde y más tarde, y no se preparó para acampar, sino que decidió seguir subiendo decidido a llegar a la cima. Oscureció, la noche cayó con gran pesadez en la altura de la montaña y ya no se podía ver absolutamente nada.

Todo era negro, cero visibilidad, no había luna y las estrellas estaban cubiertas por las nubes. Subiendo por un acantilado, a solo 100 metros de la cima, se resbaló y se desplomó por los aires... caía a una velocidad vertiginosa, solo podía ver veloces manchas cada vez más oscuras que pasaban en la misma oscuridad y la terrible sensación de ser succionado por la gravedad.

Seguía cayendo... y en esos angustiantes momentos, pasaron por su mente todos sus gratos y no tan gratos momentos de su vida, pensaba que iba a morir, sin embargo, de repente sintió un tirón tan fuerte que casi lo parte en dos...

¡Sí!, como todo alpinista experimentado, había clavado estacas de seguridad con candados a una larguísima soga que lo amarraba de la cintura.

En esos momentos de quietud, suspendido por los aires, no le quedó más que gritar: –"Ayúdame Dios mío..." De repente una voz grave y profunda de los cielos le contestó:

– ¿Realmente crees que te pueda salvar?
– Por supuesto Señor.
– Entonces, corta la cuerda que te sostiene.

– ¿Qué quieres que haga hijo mío?
– Sálvame Dios mío.
– ¿Realmente crees que te pueda salvar?
– Por supuesto Señor.
– Entonces, corta la cuerda que te sostiene.

Hubo un momento de silencio y quietud.

El hombre se aferró más a la cuerda.

Cuenta el equipo de rescate que al día siguiente encontraron colgado a un alpinista congelado, muerto, agarrado con fuerza a una cuerda... ¡A tan sólo dos metros del suelo!

Desconozco su autor y su veracidad, pero nos sirve para ilustrar este capítulo. Esta historia nos resulta bastante familiar. Creo que refleja momentos de nuestra vida, donde nos aferramos a cosas equivocadas.

Llega un momento cuando Dios dice: "o se sueltan o van a morir aferradas a esa cuerda". Pareciera radical, pareciera... bueno, porque es radical. De hecho es el momento de tomar decisiones, decisiones de vida.

Jesucristo era una persona alegre, trabajadora, simpática, pero también radical. El dijo "El que no está de mi parte, está contra mí; y el que conmigo no recoge, esparce"[47], En la Biblia nos dicen: "Si el Señor no edifica la casa, en vano se esfuerzan los albañiles. Si el Señor no cuida la ciudad, en vano hacen guardia los vigilantes", [48] en otras palabras, con Dios de parte nuestra todo va a estar bien, sin Él estamos perdidas.

En este momento Jesús viene a nuestra vida y nos lo dice CLARAMENTE elige entre eso que te separa de mí (se llame como se llame) y nuestra relación.

Si queremos seguir aferradas a eso está bien, pero tarde o temprano nos causará muchos problemas y pesar.

No se trata de un error, de un pecado con el que estamos batallando, se trata de algo grave, de lo que ofende a Dios: hechicería, juegos de güija, espiritismo, idolatría...

¿Significa que vamos a morir? Espiritualmente sí, porque nuestra vida se separa de la de Dios, lo dejamos de lado y por lo mismo, vamos a dejar de tener una vida de calidad, de amor, de esperanza, de paz, no va a ser la vida que nos ofrece Jesucristo, va a ser una vida de pecado, de angustia, de dolor. Porque el pecado nos separa de Dios, corta nuestra relación con él y aunque en apariencia las cosas estén bien, en algún momento... enfrentaremos las consecuencias por no soltarlo y lo más importante, por no caminar con Jesucristo, por no dejar que tome las riendas de nuestra vida.

Dios dice en Deuteronomio 30,19 una frase hermosa: "Hoy pongo al cielo y a la tierra por testigos contra ti, de que te he dado a elegir entre la vida y la muerte, entre la bendición y la maldición. Elige, pues, la vida, para que vivan tú y tus descendientes." Leamos todo el capítulo 30 de Deuteronomio y luego reflexionemos bien sobre nuestra vida.

Es momento para que hagamos un alto y pensemos bien las cosas, consideremos si lo que hacemos vale la pena para que nos aparte de Dios. Pensemos bien... podemos perder la bendición y el amor del Creador del cielo, de la tierra y quien tiene las estrellas en sus manos, quien puede darnos el mundo entero si así lo decide, al Creador, al Omnipotente, al Dios de dioses, Rey de Reyes, nos arriesgaremos a perder su amor, a vivir separadas de Él. ¿valdrá la pena?

Talvez la cuerda para otras no sea la misma, talvez no tengamos ningún pecado oculto, ni ninguna práctica de las que mencionamos que ofenden a Dios, probablemente la cuerda significa nuestra autosuficiencia, el deseo de hacer las cosas como nosotras queremos. Si ese es el caso, Dios simplemente dice:

"Dame el control de tu vida, no te aferres a la cuerda de tu autosuficiencia, aférrate a mí. Si cierras tus ojos corporales y abres los de tu corazón, verás mi mano que desea guiarte más que a nada en el mundo. Aférrate a mi palabra, escucha mi voz, obedece mi voluntad. Mi voluntad te guiará por un camino mejor, yo sé lo que te conviene. Escucha mi voz con tu corazón y decídete a seguir mis órdenes, a caminar los pasos que he trazado para ti. No vas a lograr tus metas, vas a lograr mucho más. No soy un Dios pobre, pero sí el Dios de los pobres, de los que aman, de los que esperan. Tú eres especial para mí y te daré lo que tu corazón tanto anhela, a su tiempo, cuando puedas tenerlo. Yo creé los oídos y por lo tanto escucho tu clamor, pero tú a veces, no escuchas mi respuesta. Quédate quieta y hablaré a tu corazón, quiero llenar tu vida, quiero estar contigo a cada instante, pero necesito que tú también lo quieras" (mensaje de Dios dictado a mi corazón para tu corazón y el mío).

Amiga, mientras sigamos "aferradas a una cuerda" y no le entreguemos por completo el control de nuestras vidas, "el timón de nuestro barco", el Señor no va a llenar nuestras vidas, ni nos bendecirá. Él espera que demos ese paso de fe, de soltarnos para confiar plenamente en Él.

Dios es un Dios bueno, un Padre como nunca podremos llegar a comprender, es amoroso, dulce, perdonador, es quien siempre nos va a dar lo que a veces nosotros nos negamos "una oportunidad más". Muchas veces nos disciplina, nos prueba para ver si estamos listas para nuestro futuro, para ver si hemos aprendido la lección. Pero en su disciplina y en su prueba, siempre hay bendición.

Sí, Dios desea bendecirnos. En la Biblia hay muchas promesas que podemos pedir, pero tenemos que tomar la decisión de seguirlo y de entregarle la dirección de nuestra vida, de usar su "*GPS*".

Dios desea bendecirnos. En la Biblia hay muchas promesas, que podemos pedir, pero tenemos que tomar la decisión de seguirlo.

Dios no cambia, es el mismo de ayer, de hoy y lo será en el futuro, el mismo Dios que le dijo a Josué "Ya te lo he ordenado: ¡Sé fuerte y valiente! ¡No tengas miedo ni te desanimes! Porque el Señor tu Dios te acompañará dondequiera que vayas"[49], y que dijo a Isaías "Así que no temas, porque yo estoy contigo; no te angusties, porque yo soy tu Dios. Te fortaleceré y te ayudaré; te sostendré con mi diestra victoriosa".[50] También nos lo dice a nosotras. ¿Qué esperamos para seguirlo, para obedecerlo?, para cederle la dirección de nuestras vidas.

Tengamos en cuenta estos versículos: "Dame, hijo mío, tu corazón, y que tus ojos se deleiten en mis caminos",[51] "Pon en manos del Señor todas tus obras, y tus proyectos se cumplirán",[52] "Deléitate en el Señor, y Él te concederá los deseos de tu corazón",[53] "El que confía en el Señor no será jamás defraudado",[54] "Que el Señor te conceda lo que tu corazón desea; que haga que se cumplan todos tus planes".[55]

En esas citas y en cientos más podemos descubrir que Dios quiere lo mejor para nosotras. Él no nos creó para que sufriéramos todo el tiempo, para que lleváramos una vida de miseria, ni somos reencarnación de nadie, ni estamos pagando una maldición ancestral... Aunque nos cueste reconocerlo, pagamos por nuestros errores y por decisiones equivocadas, talvez por decisiones equivocadas de nuestros familiares, pero nada más. ¿Podemos romper las cadenas? Sí, por supuesto, renunciando a los errores del pasado, pidiendo perdón a Dios por los pecados cometidos y clamándole a Él por misericordia en nuestras vidas.

Si cedemos el control, si dejamos la o las cuerdas, Dios va a obrar para bien, si decidimos continuar al mando, Él gentilmente se aparta hasta el momento en que lo llamemos, hasta que creamos necesitarlo. Este proceso de aprendizaje y de soltar el timón de la vida puede ser largo y doloroso o fácil y de gozo, depende de nosotras. Él simplemente espera nuestra decisión.

¡Cedamos el control!

[47] Mateo 12,30   [48] Salmo 127,1
[49] Josué 1,9   [50] Isaías 41,10
[51] Proverbios 23,26 [52] Proverbios 16,3
[53] Salmos 37,4   [54] Romanos 10,11
[55] Salmos 20,4

Capítulo XIV

Hablemos con Dios siempre

En el capítulo XII, mencionamos que una forma de entrenar en nuestro caminar con Dios es la oración, quiero que conversemos un poco sobre este tema.

La oración

En el Libro de Job, Dios le cuenta a Job como hizo cada parte de nuestro planeta.[56] Diariamente nos envía "mensajes de amor" a través de cada detalle que creó... Con el sol, con la luna, con las estrellas, con una brisa suave... ¿Cuánto tiempo tenemos de no disfrutar la creación del Señor?, ¿cuánto de no ver las sonrisas o los juegos de los niños?, ¿cuánto de no disfrutar de un pajarito que canta?

Esos son mensajes que Dios nos da y también espera que nosotros podamos hablarle, decirle de igual forma que lo amamos, que es nuestro Dios. Si Él nos habla, hablémosle también nosotros.

Mientras aprendemos a hablar con Dios, es importante que sigamos algunos pasos que nos pueden ayudar a que esa oración sea efectiva. Por supuesto, estos consejos son para iniciar, después cuando tengamos una relación de amistad, cada quien tendrá su propia forma de hacerlo.

En primer lugar, como lo hemos visto tratemos de orar a una misma hora a diario, establezcamos ese compromiso sólido con Dios, que sea nuestra primer cita, la más importante... Dice en el Libro de Daniel 6,10, que Daniel tenía por costumbre orar tres veces al día.

También recordemos lo que hemos mencionado, acostumbrémonos a ordenar nuestras ideas... Cuando vamos a hablar con alguien a quien respetamos o tememos, o alguien con que nos ha costado mucho conseguir esa cita, organizamos nuestras ideas, vamos con un plan de lo que expondremos, ¿cierto?

Dios escucha intentos, pero se alegra mucho que la oración para nosotros sea un tiempo especial y que lo preparemos.

Imaginemos esto, la cita es con el Creador del Universo, sí, quien delimitó al mar, quien puso en el firmamento las estrellas... pensemos bien lo que le vamos a decir. Dios escucha intentos, pero se alegra mucho que la oración para nosotros sea un tiempo especial y que lo preparemos.

En el Capítulo XII hablamos un poco sobre esto. Aquí sólo deseo enfatizar algunos aspectos para que nuestra oración toque realmente el corazón de Dios y nuestra fe, pueda mover su mano. In-

sisto más adelante cuando tengamos una relación de mucho tiempo con Dios, puede que Él te dé otras instrucciones para orar.

Alabanza

Nuevamente hay que enfatizarlo, es importante alabarlo, bendecirlo, agradecerle por todo lo que ha hecho, por lo que hace, por lo que nos ha dado, por lo que nos da y por lo que nos dará.

Comencemos alabándolo... Alabar no sólo para decirle lo que es y lo que significa para nuestras vidas, sino también limpiar el ambiente, ya que cuando se alaba tenemos comunión con la presencia de Dios, todo lo que no es de Él, se va.

Confesión de faltas

Luego, reconozcamos ante él nuestras faltas, recordemos lo que dice la Palabra de Dios en 1a. Juan 1,9 "Si confesamos nuestros pecados, Dios, que es fiel y justo, nos los perdonará y nos limpiará de toda maldad".

Así, pidámosle perdón, arrepintiéndonos genuinamente de nuestras faltas y con la certeza que Él nos perdona, cubrámonos con la sangre de Cristo, que es la que nos limpia y nos da acceso al Trono de su Gracia.[57]

Acercarnos confiadamente

Cuando estemos así, ante su presencia, limpias por el sacrificio de Jesucristo, podremos derramar nuestro corazón suplicándole que nos escuche y que nos conceda su gracia en las peticiones que le hacemos o simplemente podemos llegar a hablar con Él.

Sé que tenemos tanta necesidad en nuestras vidas, que muchas veces vamos con una lista grande, pidiendo muchas cosas. Uno de mis más grandes anhelos es llegar a un momento que no necesite pedir nada y pueda llegar a su Presencia a hablar con Él, a disfrutar un momento a solas con mi Dios.

Hay una alabanza que dice precisamente eso: "No he venido a pedirte, como suelo Señor, si antes que yo te pida, conoces mi petición. Tan solo he venido a estar contigo, a ser tu amigo, a compartir con mi Dios, a adorarte y darte gracias, por siempre gracias, por lo que has hecho Señor conmigo..." Ojalá que éste sea un anhelo de todo corazón.

No olvidemos agradecer

Finalizamos, con una acción de gracias, como dice Filipenses 4,6 "No se inquieten por nada; más bien, en toda ocasión, con oración y ruego, presenten sus peticiones a Dios y denle gracias". Demos gracias a Dios por su respuesta a nuestra oración, a Dios le gusta un corazón agradecido y es una muestra de fe y confianza en que vamos a recibir los favores que solicitamos. En uno de mis pasajes favoritos Jesús resalta el valor del agradecimiento, podemos leerlo en Lucas 17,11-19.

Respuestas a la oración

También recordemos lo importante que es cada vez que oremos el tiempo de silencio. El espacio de respeto para que Dios pueda contestarnos y decirnos lo que quiera. Es importante que sepamos que Dios responde todas nuestras oraciones. Esa respuesta puede ser un sí, puede ser un no, puede ser un espera. No hay nada más terrible para nosotros que recibir un "espera" como respuesta.

Pero, si Dios sabe mejor lo que nosotros necesitamos, debemos ser pacientes y agradecidas, eso implica confianza y se llama fe. Ese "espera" puede significar "espera que tengo pensado algo mejor"...

Dios es un Padre bueno, un padre amoroso y cariñoso. Dice Jesús que conoce nuestras necesidades antes que nosotros se las pidamos y que tiene cuidado de nosotras, que no nos preocupemos por lo que hemos de comer o de vestir, porque Él sabe de lo que tenemos necesidad.[58] También dice que dará buenas cosas a quienes se las pidan[59] y agrega, que todo lo que pidiéramos en su nombre, lo concederá.[60]

Hay una historia ilustrativa sobre esto, que habla de un pueblo donde no había llovido. Todo el pueblo se presentó en la Iglesia y le preguntaron al Padre o al ministro ¿qué podían hacer? El les dijo que si se congregaban todos los días en la Iglesia y oraban con fe, que Dios haría el milagro, que enviaría la lluvia, pero el requisito era pedir con fe. Pasados dos meses sin señales de agua, enojados todos los miembros del pueblo lo confrontaron, le dijeron que habían hecho lo que les había mandado pero que no habían tenido resultado... El sacerdote les contestó con una pregunta ¿oraron con fe? Ellos dijeron que sí al unísono. Entonces simplemente les dijo y si oraron con fe, porque nunca ninguno trajo un paraguas.

Interesante ¿no?, caminar en fe es "llevar nuestro paraguas", estar segura que nos va a responder, que si pedimos conforme a su voluntad, Él nos va a responder. Recordemos que fe no es saber que Él puede hacerlo, fe es saber que Él lo hará.

Caminar en fe es estar segura que nos va a responder, que el milagro que pedimos, va a suceder.

La importancia del Perdón

Creo que estamos pensando... ¡otra vez con esto!... disculpa que insista tanto en el tema del perdón, pero es que la principal barrera para que nuestra oración llegue al Padre es precisamente, la falta de perdón, es tan importante que Jesús mismo se encargó de aclararlo... Porque

si vosotros no perdonáis... tampoco vuestro Padre los perdonará.[61] Si Dios no nos perdona por nuestras faltas no podemos llegar ante su Presencia, por eso es tan importante que lo hagamos nosotras. Grabémonos esto: perdonar es una decisión.

En este momento vamos a sentir que estos pasos son difíciles y largos, pero una vez nos acostumbremos veremos lo fácil que es comunicarnos con Dios y va a llegar un momento en el que nunca pararemos de orar, es decir, a cada instante estaremos conversando con Dios.

Esto es muy importante: nuestra oración, clamor o petición nunca van a cansar a Dios. Él nos ama y siempre va a estar atento a nuestra oración. Leí un libro muy bonito de Max Lucado, se llama "Cuando Dios susurra tu nombre" y tiene una frase que me encantó, decía: "Ora siempre, cuando sea necesario usa palabras".

Espero que nuestra vida, pensamientos y acciones sean una oración constante para nuestro Dios.

¡Hablemos con Dios siempre!

---

[56] Job 38-39. [57] Hebreos 4,16
[58] Mateo 6,25-32 [59] Mateo 7,7-11
[60] Juan 14,13 [61] Mateo 6,14

Capítulo XV

Aprendamos a escuchar

Es importante que hablemos del silencio. Dios puede hablar con voz audible, pero a veces escoge un método más sutil y tierno, nos habla directamente al corazón. Muchas veces lo hemos sentido, es esa voz que nos dice que no vayamos a un sitio, es esa voz que nos dice que nos vemos muy bien ese día, la voz que nos anima a ir a la Iglesia, la que nos dice que regalemos algo a alguien, la voz que nos da la mejor respuesta a una pregunta... Con certeza es la voz de Dios.

Para escuchar, es imprescindible que callemos, que nos quedemos quietas y que le demos la oportunidad de contestarnos, de aconsejarnos o simplemente de contarnos algo.

Amiga, por favor detengámonos un momento en el día, inclinemos nuestro rostro y tratemos de escuchar. Dios quiere decirnos tanto, pero no va a competir con nuestras ocupaciones, ni preocupaciones, pensamientos o ideas.

Él como un caballero amoroso, va a esperar el momento justo en que decidamos mirar hacia arriba y darle la oportunidad de que pueda decirnos lo que quizás, no ha podido hasta este momento.

Dios sabe lo que necesitamos mucho antes que las palabras salgan de nuestros labios[62], podemos pedirle y abrirle nuestro corazón, claro, a Él le gusta eso, pero hay un momento, ese momento en que sentimos que quiere decirnos algo, en ese instante debemos callar.

Si orar es conversar, debe haber un momento en que podamos escuchar, como escucharíamos a algún amigo. Desechemos los pensamientos, pongamos en paz los deseos, solo entreguemos ese tiempo maravilloso al que hizo el tiempo y a las personas. A Aquel que nos da el aire, la lluvia o el sol cada mañana, para que disfrutemos de vida. Los científicos no se explican por qué han fallado las predicciones con el calentamiento global, para ellos muchas cosas deberían haber colapsado ya, yo quiero creer que Dios sigue teniendo misericordia de nosotras y que nos sigue mostrando su amor y entregándonos oportunidades.

"No tengan miedo ni se acobarden cuando vean ese gran ejército, porque la batalla no es de ustedes sino mía".

Como hemos comentado, Dios nos envía sus mensajes a diario, nos sigue brindando su amor con cada puesta de sol, con cada estrella colgada en el cielo, con cada flor que nos regala su perfume. Dios está en cada detalle, en cada gesto de las personas, en cada momento especial de nuestra vida. En las sonrisas, en la dulzura, en las cosas bellas.

Dios también está en nuestro dolor y en nuestras preocupaciones. Él no nos deja, pero a veces nosotros sí lo dejamos. Creemos que nuestras fuerzas son mejores o talvez no hemos aprendido a escucharlo, a depender de Él.

Hay una historia en la Biblia que siempre me ha impresionado, cuando Josafat, rey de Judá, se entera que tres ejércitos vienen contra su pueblo, en lugar de ver primero su estrategia militar, lo que hace es decretar un ayuno general y pedirle a todo su pueblo que busque a Dios. La respuesta de nuestro Padre fue maravillosa: "Y dijo Jahaziel: Escuchen, habitantes de Judá y de Jerusalén, y escuche también Su Majestad. Así dice el Señor: 'No tengan miedo ni se acobarden cuando vean ese gran ejército, porque la batalla no es de ustedes sino mía. Mañana, cuando ellos suban por la cuesta de Sis, ustedes saldrán contra ellos y los encontrarán junto al arroyo, frente al desierto de Jeruel. Pero ustedes no tendrán que intervenir en esta batalla. Simplemente, quédense quietos en sus puestos, para que vean la salvación que el Señor les dará. ¡Habitantes de Judá y de Jerusalén, no tengan miedo ni se acobarden! Salgan mañana contra ellos, porque yo, el Señor, estaré con ustedes'".[63]

Hicieron tal como se los dijo el Señor, salieron a la batalla y colocaron a los músicos, a los que daban alabanza a Dios, al frente del ejército. Por favor consideremos esto por un momento, es como si Dios nos dijera, vayan al Banco, no lleven dinero para pagar su crédito, solo canten una alabanza a la persona de la caja, confía que yo voy a actuar. ¿Qué haríamos?, ¿tendríamos una fe tan grande para hacer eso? Talvez ese ejemplo fue inapropiado, veamos algo más similar, un grupo de pandilleros le van a venir a cobrar una "renta", no tenemos el dinero, consultamos a Dios qué hacer, si nos deberíamos esconder, si nos vamos del país... y Él nos dijo: pon alabanzas y no temas, yo voy a actuar.

Vienen los pandilleros y estamos ahí solas con la grabadora. ¿Simplemente colocaríamos las alabanzas y nos quedaríamos quietas y confiadas que el Señor nos va a librar? Josafat lo hizo, Él había recibido las instrucciones de Dios y tuvo fe. Dice la historia que Dios hizo que los tres ejércitos que venían en su contra se confundieran y se mataran entre ellos. No tuvieron que intervenir en esa batalla. A veces, Dios nos pide nuestras batallas, talvez ha visto nuestras fuerzas disminuidas y nos dice que Él las va a pelear por nosotras, ése es el momento en que debemos escucharle claramente y apartarnos confiadamente para que Él actúe a nuestro favor.

Él es Dios, Él puede y quiere. Es quien hizo los cielos, la Tierra, no tiene colgadas a las estrellas con hilos, es Dios. El infalible, el Altísimo, es omnisciente, omnipresente y omnipotente. Si Dios es tan grande y maravilloso ¿Crees que no podrá resolver nuestro problema?, ¿crees que no nos ama lo suficiente?

A veces, como a Josué, nos mandará a esforzarnos y a tomar acción y mientras caminemos en fe, Él nos va a sostener, a veces nos manda a esperar y a quedarnos quietas, por eso es tan importante saber escuchar para poder obedecer sus instrucciones adecuadamente. No sé qué va a responder Dios a una petición, necesidad o simplemente a una conversación, pero sí sé, que si tomamos tiempo y tratamos de hacer silencio en nuestra mente, en nuestro corazón, vamos a escucharlo y por lo tanto, vamos a conocer su voluntad.

Para escuchar a Dios el silencio es muy importante, pero no es el único elemento. También debemos tener fe, sin fe no podemos oírlo. Tenemos que estar seguras que nos quiere hablar, es más, que nos está hablando y debemos hacer lo que nos indique. Dice la Biblia que sin fe es imposible agradar a Dios[64], así que si buscamos agradar a nuestro Señor para que intervenga a nuestro favor, debemos confiar en Él.

Entonces tenemos dos elementos importantes, silencio y fe, pero hay otro elemento a tomar en cuenta: la obediencia. Josafat obedeció a Dios. Pongámonos en los zapatos de este hombre, tres ejércitos armados venían contra su pueblo y no cuestionó las órdenes de Dios, no dijo: ejército colóquese al frente por "cualquier cosa", él obedeció y por eso, obtuvo la victoria.

Para escuchar a Dios no tenemos que ser santas, a Dios le agrada una vida de santidad y sé que nos estamos esforzando por llegar a eso, por supuesto, pero aunque seamos personas normales que a veces cometemos errores, que a veces pecamos, que no somos perfectas que batallamos día a día, aún así, podemos escuchar la maravillosa voz de Dios y podemos conocer su voluntad, si tomamos el tiempo para ello, si tenemos fe y si somos capaces de obedecerle.

Si tenemos estos tres elementos, el amor y la misericordia de Dios se manifestarán en nuestras vidas y nos darán la victoria ante cualquier situación adversa.

Caminar en fe no es fácil, de hecho es lo más difícil que existe, por eso es tan importante, por eso agrada tanto a Dios, ya conocimos sobre la fe en capítulos anteriores, pero quiero recordar lo que Jesús dijo sobre la fe: que si fuera como un granito de mostaza, pudiéramos decirle a un monte que se tirara al mar y el monte lo haría.[65]

Aunque cometamos errores, o pequemos, aunque no seamos perfectas, aún así, podemos escuchar la maravillosa voz de Dios y podemos conocer su voluntad.

Dicen que el grano de mostaza puede medir entre 1 y 1.5 mm es decir, es realmente ínfimo. Dice Jesús que si tuviéramos una fe así de pequeña podríamos lograr tantas cosas, amiga ¿cómo será entonces nuestra fe para que nuestros problemas no sean resueltos, para que nuestras oraciones no sean contestadas?

Dice la 1a. Carta de Juan 5,14 -15: "Ésta es la confianza que tenemos al acercarnos a Dios: que si pedimos conforme a su voluntad, Él nos oye. Y si sabemos que Dios oye todas nuestras oraciones, podemos estar seguros de que ya tenemos lo que le hemos pedido".

¿Habíamos leído en forma consciente esta maravillosa promesa de Dios? Probablemente no, de ahora en adelante hagámosla una realidad en nuestra vida.

Vale la pena reflexionar por un momento sobre esto, vayamos al lugar donde oramos y pidamos perdón a Dios por nuestra falta de fe y clamemos por una fe grande, sólida, basada en convicciones, no en sensaciones o sentimientos. Acordémonos que No es si lo siento cerca, Él está cerca; no es si siento que me va a responder, Él va a responder. ¿Comprendemos esto?

Digámosle a Dios que queremos escucharlo, que necesitamos escucharlo, que deseamos que su voz nos guíe. Clamemos a Él y veremos la amable y siempre oportuna respuesta de nuestro Señor.

¡Aprendamos a escuchar!

[62] Salmos 139,4
[63] 2a. Crónicas 20,15-17
[64] Hebreos 11,6
[65] Mateo 17,20

Capítulo XVI

Sigamos sus pasos

Esta tarde llegó oportunamente un mensaje a mi computadora, Dios siempre escoge el momento preciso para hablarnos y este mensaje es de gran significado para nuestras vidas, titulado "La Roca" hablaba de una petición de Dios para un hombre que vivía en una cueva, la orden de Dios era que empujara una roca inmensa que había a la entrada de su cueva. Desde el amanecer hasta que el sol se ocultaba el hombre presionaba sin lograr mover ni un centímetro aquella piedra. Con el pasar del tiempo vinieron pensamientos negativos a su mente y el enemigo le hizo sentir que su trabajo no valía la pena, tanto esfuerzo perdido en algo inamovible y le aconsejó que dejara de esforzarse. El hombre iba a hacerle caso pero decide consultarle antes a Dios, abriéndole su corazón con lo que sentía. Dios le dijo: - Sé que te sientes fracasado, pero no tienes ninguna razón para ello. Te ordené que empujaras esa roca y eso es lo que has hecho, nunca esperé que la movieras, sólo que fueras obediente, pues al empujarla todos los días tu cuerpo se ha fortalecido. Ahora yo voy a mover la roca. (Desconozco su autor).

Inmediatamente pensé en cuántas cosas realiza uno para Dios y cree que no tienen significado, que no han ayudado a nadie o simplemente cuánto trabajo hace uno en la vida, pensando que es un desperdicio o que por no haber alcanzado los sueños o las metas que nos habíamos trazado nos consideramos fracasadas. Este mensaje habló tanto a mi corazón y probablemente la persona que lo creó ni siquiera se va a enterar. De igual forma, talvez este libro sea de utilidad para muchas mujeres, pero va a ser muy difícil que yo me entere. Sin embargo, he invertido mucho tiempo y oración para hacerlo y ahora estoy convencida que Dios quiere ese esfuerzo y ha bendecido las horas de trabajo que he tomado para escribirlo y revisarlo, así como las actividades y obras que he hecho en el pasado para Dios y todo lo que haga de ahora en adelante. Tomemos esta lección, como dice Teilhard de Chardin "Poco importa que te consideres un fracasado, si Dios te considera plenamente realizado, a su gusto".

Si le entregamos nuestra vida a Jesucristo y si somos obedientes a lo que Él nos pide que hagamos, nuestras vidas tendrán sentido.

Por ello puedo afirmar que si le entregamos nuestra vida a Jesucristo y si somos obedientes a lo que Él nos pide que hagamos, nuestras vidas tendrán sentido, nuestra labor será productiva.

No importa como nos veamos nosotras, lo que importa es como nos mira Dios. Somos esa rosa hermosa para Dios, ese amanecer, ese lago, ese paisaje... Cualquier cosa que para nuestros ojos sea bella, especial, creamos que así somos para Dios. Somos únicas, sus hijas, sus princesas, sus tesoros más grandes, mujeres valiosas, valientes, emprendedoras y de éxito.

Sigamos trabajando, continuemos realizando la labor que Dios nos ha pedido que elaboremos, seamos obedientes, teniendo en mente lo que nos dice Pablo en 1a. Corintios 15,58 "Por lo tanto, mis queridos hermanos, manténganse firmes e inconmovibles, progresando siempre en la obra del Señor, conscientes de que su trabajo en el Señor no es en vano".

Nunca va a ser en vano. Por favor decidamos seguir y obedecer a Dios, aunque lo que Él nos pida, en apariencia, a veces, no tenga sentido.

No importa si sentimos que no progresamos, si sentimos que no ayudamos a los demás, que no logramos cambiar nada. Sigamos trabajando, sigamos obedeciendo a Dios; a su tiempo, es decir a Su tiempo (al tiempo de Dios) vamos a cosechar, si no desmayamos. Como lo dice la escritura: "No nos cansemos de hacer el bien, porque a su debido tiempo cosecharemos si no nos damos por vencidos".[66] Madre Teresa de Calcuta alguna vez, quizás cuando sintió que todo su esfuerzo era poco para la necesidad enorme que hay en este mundo expresó: "A veces sentimos que lo que hacemos es tan solo una gota en el mar...", pero reconociendo la importancia de lo que Dios le pidió hacer, agregó: "pero el mar sería menos si le faltara esa gota."

Si resumimos lo anterior entenderemos que nuestros esfuerzos van a tener frutos, talvez algunos los vamos a conocer, otros no, pero tengamos esta convicción: lo que Dios nos pide que hagamos va a ser para nuestro bien y el de otros.

Llevar la Cruz

Obedecer a Dios es algo relativamente fácil, pero cuando hablamos de seguir sus pasos hay un tema en apariencia difícil y que pareciera que todos queremos evitar, porque no nos gusta, es una porción de la Biblia donde Jesús dice a sus discípulos: "–Si alguien quiere ser mi discípulo, tiene que negarse a sí mismo, tomar su cruz y seguirme".[67]

Creo que no íbamos tan mal al hablar de obedecer o de seguir, pero ya al pensar en "tomar su cruz", como que damos un paso para atrás y esperamos que hayan otros voluntarios.

Siempre me he preguntado el significado de la cruz y para comprenderlo se me ocurrió pensar ¿qué significó la cruz para Jesucristo?, podemos decir que fue el acto de amor y entrega más hermoso que se haya hecho, llevó dolor, humillación, injusticia, pero para Él fue soportable porque daba la vida por sus amigos y por el mundo entero. Daba la vida por amor a nosotras.

Entonces la cruz no debe tener una connotación tan terrible, sí va a implicar sacrificio, pero un sacrificio que se hace voluntariamente como una entrega, como un acto de amor.

Cuando pensemos en tomar nuestra cruz, antes que en dolor y renuncia, pensemos en el acto de amor y de entrega que podemos hacer. Eso es lo que Dios nos pide, que por amor nos entreguemos, que por amor hagamos algo que nos envía a hacer, que por amor dejemos algo...

Viene a mi mente en este momento un comentario que me hicieron sobre un gran hombre, un Padre Jesuita, cuya tesis doctoral incluso fue consultada por la NASA, una mente brillante que pudo tener mucho éxito en la rama de ingeniería y que le pudo haber representado grandes ingresos económicos y fama, pero que sacrificó su realización profesional por el acto supremo de amor de entregarse a los necesitados, de apoyar a quienes no tenían consuelo, de estar con los olvidados, en fin, de ser una extensión de los brazos de Dios en la Tierra, me refiero al Padre Jon Cortina, quien nos permite ver claramente esta idea.

Esos conocimientos de ingeniería los puso en práctica ayudándoles a gente sumamente pobre a construir de mejor forma sus viviendas, a edificar puentes para acceder a esa comunidad, etc. Siempre admiré esa disposición y entrega.

En mi caso, mi cruz, mi acto de entrega y amor es diferente del de otros, porque Dios va a pedir algo diferente a cada una. Pero debemos estar seguras que seguir y obedecer a Dios va a realizarnos mucho más allá de lo que hubiéramos podido soñar llevando a cabo nuestros propios planes.

Amiga, Dios conoce nuestro corazón y nuestra mente, nuestros sueños, aún no sale la palabra de nuestra boca dice el pasaje que citamos, cuando él ya la conoce, pero Él tiene sueños más grandes para nosotras, a veces coincidirán con los nuestros, a veces no. Pensemos que Dios estuvo en nuestro pasado, está en nuestro presente y conoce nuestro futuro. Dios nos ama y sueña con lo que puede realizar a través de nosotras, pero es tan amable, tan paciente y tan caballero, que nos da la posibilidad de decidir si queremos hacerlo y a qué ritmo, o si queremos continuar con nuestros planes.

Podemos decirle Padre: quiero que tú tomes el control total de mi vida y realizar tus sueños para mí o simplemente tomar nuestro camino a nuestro ritmo. En ambas opciones Dios va a estar con nosotras, pero con una de ellas vamos a llegar a nuestras metas en forma más segura y fácil. La decisión siempre va a ser nuestra. Si nos equivocamos, Dios nos va a perdonar, si caemos, Él nos levantará,

Cuando pensemos en tomar nuestra cruz, antes que en dolor y renuncia, pensemos en el acto de amor y de entrega que significa.

si nos salimos del camino, esperará nuestro regreso y si lo necesitamos y le pedimos auxilio, nos rescatará y traerá de regreso "a casa". ¿Qué Padre dejaría a su hija abandonada a su suerte?, la Biblia dice: "Aunque mi padre y mi madre me abandonen, el Señor me recibirá en sus brazos".[68]

Nuestro Padre Celestial quiere que hagamos su voluntad y que lo sigamos, no porque nos necesite, sino porque nos ama y sabe que lo que Él nos prepara es lo mejor que puede ocurrirnos y aunque cometamos errores no nos va a abandonar. Hay un pensamiento que dice que nuestras decisiones pueden alejarnos de la voluntad de Dios, pero nunca de su alcance.

Aunque nosotras mismas nos sintamos mal y pensemos que no merecemos su perdón, Él nos lo otorga junto con su guía amorosa. A veces nos castiga, claro, ¿qué padre que ve a su hijo haciendo algo equivocado no lo hace? pero siempre es para nuestro bien. Siempre.

Cuando predico, cuando atiendo a alguien, cuando oro por alguien, entonces mi vida adquiere sentido.

Para resumir las ideas de este capítulo: seguir a Jesús, es estar dispuestas a obedecerle en lo que Él nos pida, sabiendo con certeza que su voluntad es lo mejor para nuestras vidas. Seguirlo también significa tomar nuestra cruz, es decir hacer un acto de sacrificio por amor y entrega a Dios.

Los sueños y los planes de Dios para nosotras

Descubrir los sueños y el plan de Dios para cada una de nuestras vidas es algo fundamental para saber hacia donde vamos, es la brújula que orienta nuestra vela.

Por ejemplo, disculpa que personalice esto, pero voy a abrir mi corazón y contar mi experiencia: sé que uno de los sueños de Dios para mi vida es que predique, que enseñe y que ayude a los demás. Así, me pide que sea portadora de su amor y misericordia, que lleve consuelo a los afligidos y paz a los que sufren, por eso permitió tanto sufrimiento y dolor en mi vida, para que comprendiera a los que padecen, a los enfermos, a los que están tristes y sedientos de afecto. Sin embargo, algunas veces me enojo mucho y actúo en la forma contraria, en esas ocasiones, debo humillarme frente a quien haya ofendido, no importando si tuve motivos o no, para pedir su perdón.

A veces, Dios me pide que abrace a mujeres que no conozco y muchas veces me da pena hacerlo o que le diga algo a alguien que me señala y en varias ocasiones es penoso acercarme a una persona extraña para darle un mensaje. Pero Dios no quiere que tenga pena, quiere que sea portadora de su amor y que lo haga en forma libre y segura. Ese es mi acto de amor y entrega. Comenzando por casa, donde talvez no tengo la comprensión que desearía, donde es más difícil predicar, desde ahí hasta donde Él me envíe, en el momento que sea.

A veces incluso, significa dar amor, comprensión, consuelo y paz en momentos que a mí me faltan y debo confesar que no es fácil, pero cuando logro negar mi necesidad, sentimientos y me decido a obedecerle, es cuando tengo una realización plena y la certeza que a pesar de mis errores, problemas, deudas… mi vida tiene sentido (todo se arreglará con su guía y provisión a Su tiempo), pero Dios puede y quiere usarme, para mostrar que lo que hace a través de mí es por su gracia, por su poder y para Su Gloria. Entonces lo bendigo y le agradezco por su amor e inmensa misericordia, por fijarse en mí y por aceptar mi disposición a servirlo.

Cierro el paréntesis personal. Quiero que leamos bien esto, no quiero que Dios parezca un padre egoísta que quiere que hagamos solo que Él nos pide. Por favor no es esa la idea. Dios tiene un plan perfecto para nuestras vidas con muchos sueños, pero también le interesan los nuestros.

Solo recordemos que Dios nos mira con el lente especial donde resalta todo lo que somos capaces de lograr, pues nos conoce mejor que nosotras mismas, conoce nuestras cualidades, y los sueños que Él tiene son quizás mayores y de gran significado. En ellos está nuestra verdadera realización, aunque cueste transmitirlo, pero al obedecer a Dios, al confiar que Él solo quiere lo mejor para nosotras, entonces nuestras vidas adquieren pleno sentido y nos damos cuenta para qué fuimos creadas... pero Dios siempre nos va a otorgar la libertad para que elijamos.

Ilustremos lo anterior con un ejemplo, tengo una gran amiga, se llama Inés de Viaud y me ha dado permiso para compartir esta pequeña parte de su gran testimonio. Ella quería ser una cantante famosa, participó en un concurso internacional y vino con un contrato; sin embargo, decidió rechazarlo por cuidar de sus hijos y de su familia. Triste porque no sabía para qué Dios le había dado ese gran talento, esa voz privilegiada si no podía dedicarse profesionalmente a la música, estaba enojada pidiéndole a Dios que le explicara para qué era el talento, cuando la invitaron a cantar a un hospital, ahí Dios le dio el don de la sanidad y cuando ella cantaba enfermos sanaban... Desde ese momento hasta ahora ha recorrido casi todo el mundo llevando amor, sanidad interior y física para miles de personas. Le pregunté si cambiaría esa vida de misión y de entrega por una vida de fama en escenarios y me dijo un rotundo no.

Ella pudo seguir sus sueños y hubiera tenido éxito, pero con los sueños de Dios ha logrado mucho más. Les aseguro que Inés ha visitado más países que si fuera una cantante secular y en cada lugar donde ha ido deja una huella imborrable, mostrando el amor, el perdón de Dios y contribuyendo para que las personas puedan sanar sus heridas.

En este ejemplo vemos como lo mejor es siempre obedecer a Dios, dejar que tome nuestras vidas y que pueda transformarlas para realizar sus sueños. Tengamos vidas realizadas, siguiendo sus pasos en obediencia, amor y entrega.

¡Sigamos sus pasos!

---

[66] Gálatas 6,9   [67] Mateo 16,24
[68] Salmos 27,10

Capítulo XVII

Dios es nuestro Señor

Todo el mundo ama a Jesús Salvador, pero pocos siguen y obedecen a Jesús Señor. Quiero explicar esto, saber que Jesús nos ama, que nos ha salvado con su sacrificio, con su bendición y que nos quiere ayudar en todas las áreas de nuestra vida es relativamente fácil de creer y aceptar, pero hablar de un Jesús que nos pide obediencia y que quiere señorear en nuestra vida, ya no es tan simpático, porque pensamos que va a ser un jefe como los que hemos conocido "imperfectos" y olvidamos que el liderazgo y el señorío de Jesús es en amor y misericordia[69], pero hablemos en detalle de ambos.

Jesús: Nuestro Salvador

Creo que ya hemos escrito sobre esto, de un maravilloso hombre que se llamó Jesús de Nazareth, digo hombre, pues cuando vino a la Tierra, vino como un ser humano, dejando su divinidad. Vino a probar que podíamos seguir los caminos del Padre aun siendo humanos. El vivió como nosotros, tuvo hambre, sed, es decir, experimentó lo mismo que nosotras experimentamos.

Estuvo en la Tierra por amor a nosotras, creció y dedicó tres años de su vida a enseñarnos, a guiarnos... Se conmovía con las multitudes pues le parecían "ovejas sin pastor", por lo que se dedicó a pastorear a muchos, en especial escogió y formó a doce para que pudieran continuar su mensaje. Más allá de su prédica, nos mostró su amor, su perdón y su misericordia.

Veamos ejemplos de su amor, uno tierno que me encanta es cuando los niños querían acercársele. Los niños le tienen miedo a las personas serias, enojadas, pero si querían estar cerca de Jesús es porque éste los invitaba con su actitud. Dice la biblia que reprendió a sus discípulos y que impuso sus manos sobre los niños[70].

Otro ejemplo maravilloso de su amor es el que menciona Lucas 7,11-16.

Él sacrificó su vida por nosotras y por toda la humanidad, no hay ejemplo de amor más grande que ese.

"Poco después Jesús, en compañía de sus discípulos y de una gran multitud, se dirigió a un pueblo llamado Naín. Cuando ya se acercaba a las puertas del pueblo, vio que sacaban de allí a un muerto, hijo único de una madre viuda. La acompañaba un grupo grande de la población. Al verla, el Señor se compadeció de ella y le dijo:

–No llores.

Entonces se acercó y tocó el féretro. Los que lo llevaban se detuvieron, y Jesús dijo:

–Joven, ¡te ordeno que te levantes!

El muerto se incorporó y comenzó a hablar, y Jesús se lo entregó a su madre. Todos se llenaron de temor y alababan a Dios.

–Ha surgido entre nosotros un gran profeta -decían-. Dios ha venido en ayuda de su pueblo".

¿Conmovedor? Este es el amor de Jesús. Ahora su más excelsa obra de amor fue poner su vida por nosotros[71]. Recuerda que comenté que una vez estaba sumergida en una alabanza y lo vi cargar su cruz, con dolor, con sus heridas, con su sangre y así pasaba junto a mí y le pregunté ¿por qué?

y Él con una mirada tierna y maravillosa me dijo: –Porque no soportaba verte en mi lugar. No era un reproche era una ofrenda de amor increíble. Él recibió el castigo por nosotras. Él sacrificó su vida por nosotras y por toda la humanidad, creo que no hay ejemplo de amor más grande que ese.

Examinemos un momento el perdón, creo que inmediatamente pensamos en aquella mujer que encontraron en el acto de adulterio. No sólo la lastimaron, la humillaron y querían matarla a pedradas. Se la llevaron al lugar donde Jesús estaba predicando, diciéndole que había sido sorprendida en adulterio y que la Ley de Moisés mandaba a apedrearla y terminan preguntándole ¿Tú que dices?

Miremos por un momento a Jesús, en alguna ocasión dijo que no vino a abolir la ley sino a cumplirla, pero tenía que enseñarnos cómo cumplir la ley, el primer mandamiento es el más importante, pero le seguía otro "amarás a tu prójimo como a ti mismo", amor y perdón van de la mano. Ahí está Jesús con un gran problema, si les dice "pueden proceder" su misión en la Tierra y su mensaje no habría trascendido, si les decía que la perdonaran no lo hubieran comprendido y lo hubieran acusado a Él. Así que escribe algo en la arena, la Biblia no dice qué escribió... Algunos se imaginan que podrían ser nombres de mujeres con los que hubieran adulterado los acusadores, otros imaginan que escribió nombres de mujeres con las que habían adulterado..., en fin, nadie sabe con certeza, pero lo cierto es que lleno de amor y de perdón, les dijo una frase que aún hoy resuena en nuestra mente: "Quien de ustedes esté libre de pecado, tire la primera piedra".[72]

No sólo es un acto maravilloso de perdón, sino una enseñanza para los que nos atrevemos a hablar y señalar a los demás. Todos se retiraron desde los mayores hasta los más jóvenes, pero el acto de perdón no termina ahí, Jesús ve a la muchacha, caída, humillada, triste y le dice: "– ¿dónde están los que te acusan?"

Hasta en ese momento ella levanta su mirada y no ve a nadie: "– Señor se han ido. –Yo tampoco te condeno, vete y no peques más".[73]

Veamos ahora un poco de su misericordia, pues de estos temas podríamos escribir libros enteros, pero quiero resumir algunos ejemplos simples para comprender mejor esto. Recordamos al leproso que ya citamos, el que se le acerca y le dice: - Señor si quieres puedes limpiarme.[74] Jesús movido a misericordia lo sanó. Miremos a Jesucristo en un monte predicando ante miles de personas, se acerca la tarde y siente tanta compasión y misericordia que les da de comer antes de despedirlos, con el milagro de la multiplicación de los panes y los peces.[75]

Jesús puede llenar páginas de cientos de libros con su amor, perdón y misericordia. Pero hay otra faceta de Jesús que quiero presentar.

Jesús: Nuestro Señor

Cuando hablamos del señorío de Jesús, hablamos de su guía y de su dirección. Por lo tanto, le otorgamos libertad para que actúe en nuestras vidas. Esto no se escucha bien. Nos parece difícil de aceptar. Porque de alguna forma creemos que somos mejores dirigiendo nuestra vida y nos cuesta ceder el control, como lo vimos hace dos capítulos. Una vez escuché una prédica que me gustó mucho, quien dio el mensaje sugirió que nos "declaráramos esclavos" por una sencilla razón, el esclavo no tiene derechos y de esa manera, nuestro carácter se apaciguará y podremos recibir de mejor forma y con mayor agradecimiento la provisión, los regalos y la dirección de Dios.

Podemos hacer eso o podemos decirle simplemente que no hemos guiado nuestra vida adecuadamente y que queremos que nos brinde su dirección amorosa, que nos lleve por el camino mejor para nosotras. Que decida Él y que confiaremos en sus decisiones. Que obedeceremos su voluntad y que no cuestionaremos sus métodos.

Esto se dice fácil, pero no lo es. Dios nos conoce, sabe lo que nos cuesta, pero debemos estar conscientes que si queremos que nuestra vida sea realmente productiva y que tengamos una realización verdadera, quien conoce el camino que debemos seguir es Él.

Lo más lindo y maravilloso es lo que nos dice en Mateo 11,30 "Mi yugo es suave y mi carga es liviana". ¿Por qué nos dice esto? Porque su guía es por amor, porque no nos va a pedir más de lo que podamos hacer, si permite una crisis en nuestra vida va a ser para que crezcamos y pasemos a otro nivel y va a ser algo que podamos soportar. Jesús nos ama. Todo lo que sucede es para bien de los que ama. Aún cuando las cosas no tengan sentido para nosotras tienen sentido para Jesús. Él no improvisa, tiene su plan desde antes que tú y yo existiéramos y tiene muchas cosas para tu vida y para la mía si le permitimos guiarnos, si nos sometemos a su dirección, si nos sujetamos a su dominio. Si no queremos hacerlo, nos otorga libertad para que probemos por nuestra cuenta.

Lo más lindo y maravilloso es que nos dice: "Mi yugo es suave y mi carga es liviana".

Muchas veces nos vamos a equivocar y vamos a cometer muchos errores, pero la esperanza grande que tenemos, es que si reconocemos nuestras faltas, Él es fiel y justo para perdonarnos[76]. Además nos dejó una enseñanza sobre esto, recordemos la parábola del Hijo pródigo. Muchas veces como ese hijo, vamos a equivocarnos, a cometer pecados, a salirnos del camino de Dios, a alejarnos de su voluntad, pero nunca de su protección y amor. Él nos va a dejar que tomemos nuestras decisiones, pero como el padre de la parábola, va a esperar día a día nuestro regreso. Si estamos tan maltratadas que ya no podamos ni caminar, Él nos rescatará como lo hizo aquel samaritano en la parábola, al hombre que habían asaltado por el camino.

Si sabemos que su dirección es lo mejor para nuestras vidas, ¿por qué no tomar hoy la decisión de entregársela?

Si queremos hacerlo abramos el corazón y digámosle: "Padre perdóname porque siempre he llevado mi vida a mi manera y no te he preguntado qué quieres que haga o adonde quieres que vaya. Te entrego ahora el timón de mi vida para que tú la dirijas, para que tú me guíes en tu amor, en tu misericordia, quiero hacer tu voluntad y que me bendigas con tu paz. Quiero que no sólo seas mi Salvador, quiero que también seas mi Señor". Amén.

Cuando Dios sea realmente nuestro timón, ya no deberemos preocuparnos por nada.

¡Dios es nuestro Señor!

---

[69] Mateo 11,30   [70] Mateo 19,13-15
[71] Juan 15,13   [72] Juan 8,7
[73] Juan 8,11   [74] Mateo 8,1-3
[75] Juan 6,1-14   [76] 1a. Juan 1,9

Reflexión final

Con Dios podemos llegar a ser una mujer ideal

Esta es la parte final del Libro, es una pequeña reflexión sobre una meta muy especial para cualquier mujer: llegar a ser mujeres ideales, tal como se describe en Proverbios.

Ese sería el corolario de nuestra aventura con Dios, llegar a ser tan especiales que nos comparen con joyas preciosas, que merezcamos los cumplidos, las alabanzas de todos nuestros familiares, compañeros y amigos, sobre todo la aprobación de Dios.

En esa meta debemos colocar nuestro esfuerzo, pero disfrutando cada paso, cada vereda, cada capítulo de esta gran aventura de conocer a Jesucristo y de caminar con Él, saliéndonos de nuestra barca, para aprender a caminar sobre las aguas en fe y de la entrega.

Ese caminar con nuestro Salvador es una experiencia invaluable y llena de gratificaciones, de milagros, de sueños, de oraciones contestadas, de amor en mil formas, ese descubrir poco a poco a nuestro Dios y las cosas maravillosas que hace por nosotras.

Dios es un Padre increíble, nuestro mejor amigo, nuestro consejero sabio y nuestro salvador. A Él sea toda la gloria.

Reflexión final

Con Dios podemos llegar a ser una mujer ideal

Hemos comenzado una preciosa aventura con Jesucristo, todavía nos falta aprender muchas cosas que nos va a ir mostrando conforme crezcamos en la fe y aprendamos a escuchar su voz.

Jesucristo va a ir moldeando nuestras vidas, nuestro carácter, al ritmo que se lo permitamos, para que un día podamos llegar a ser como la mujer ejemplar que describe Proverbios 31,10-31.

Epílogo:
Acróstico a la mujer ejemplar

Mujer ejemplar ¿dónde se hallará?
¡Es más valiosa que las piedras preciosas!

Su esposo confía plenamente en ella
y no necesita de ganancias mal habidas.

Ella le es fuente de bien, no de mal,
todos los días de su vida.

Anda en busca de lana y de lino,
y gustosa trabaja con sus manos.

Es como los barcos mercantes,
que traen de muy lejos su alimento.

Se levanta de madrugada,
da de comer a su familia
y asigna tareas a sus criadas.

Calcula el valor de un campo y lo compra;
con sus ganancias planta un viñedo.

Decidida se ciñe la cintura
y se apresta para el trabajo.

Se complace en la prosperidad de sus negocios,
y no se apaga su lámpara en la noche.

Con una mano sostiene el huso
y con la otra tuerce el hilo.

Tiende la mano al pobre,
y con ella sostiene al necesitado.

Si nieva, no tiene que preocuparse de su familia,
pues todos están bien abrigados.

Las colchas las cose ella misma,
y se viste de púrpura y lino fino.

Su esposo es respetado en la comunidad;
ocupa un puesto entre las autoridades del lugar.

Confecciona ropa de lino y la vende;
provee cinturones a los comerciantes.
Se reviste de fuerza y dignidad,
y afronta segura el porvenir.

Cuando habla, lo hace con sabiduría;
cuando instruye, lo hace con amor.

Está atenta a la marcha de su hogar,
y el pan que come no es fruto del ocio.

Sus hijos se levantan y la felicitan;
también su esposo la alaba:
«Muchas mujeres han realizado proezas,
pero tú las superas a todas.»

Engañoso es el encanto y pasajera la belleza;
la mujer que teme al Señor es digna de alabanza.
¡Sean reconocidos sus logros,
y públicamente alabadas sus obras!

Llegaremos a ser una mujer ideal cuando realmente Jesús sea el Señor de nuestra vida; no solo nuestro Salvador, es decir cuando sea lo más importante, cuando toda nuestra agenda gire alrededor de Él y diariamente nos dejemos dirigir; cuando nuestra vida de oración crezca; cuando seamos capaces de escuchar su voz; de discernir su voluntad y su guía para nuestras vidas, en una expresión, cuando descubramos nuestro propósito y decidamos confiar en Dios, con la misma entrega, sumisión y fe, con la que la Virgen María aceptó que el Plan de Dios se cumpliera en su vida.

Una palabra final de mi corazón al tuyo:

Amiga, no me cabe duda que si este libro está en tus manos es porque eres especial para Dios, una hija amada y es obvio que sueña con tu vida. Es mi mejor deseo que Dios te llene, te muestre su amor, te conceda paz y todos los anhelos de tu corazón. ¡Qué tu vida esté completa, segura y realizada en Dios Padre, en Jesucristo y en el Espíritu Santo!

Espero que este libro haya contribuido de alguna forma a tu caminar con Dios y que te permita dar ese salto de fe, que significa confiar plenamente en Él, escuchar sus palabras, bajarte de la barca de la vida normal y caminar sobre las aguas del amor, de la gracia y de la misericordia.

Le pido a Dios que nunca nos cansemos de buscar su presencia diariamente, de orar, de clamarle y de entregarle la dirección de nuestra vida, es la mejor decisión que podemos hacer y de la cual jamás nos arrepentiremos.

Dios puede y quiere hacer grandes cosas con nosotras, lo enfatizo, ¡Dios quiere hacer grandes cosas contigo, porque

estás en el plan de Dios!

Datos sobre la autora:

María Elena Castellanos es una mujer que desde muy pequeña emprendió su búsqueda de Dios, en diferentes religiones, filosofías o creencias, finalmente cuando se quedó quieta y en silencio, se dio cuenta que Dios estaba con ella desde siempre.

Nació en San Salvador, El Salvador, en el seno de una familia católica, estudió en el Colegio El Sagrado Corazón su primaria y secundaria; y en la Universidad Dr. José Matías Delgado, su carrera profesional graduándose como licenciada en Ciencias de la Comunicación. Gracias a una beca de estudios en Italia, obtuvo una especialización en mercadeo. A su regreso fundó una empresa para la edición de publicaciones corporativas en la cual trabaja desde 1998.

Durante muchos años asistió a diferentes iglesias y tomó diversos cursos sobre la Biblia. Un día comenzó un grupo de oración y fue ahí donde el Señor comenzó a darle una enseñanza para cada reunión, el compendio de algunas de esas enseñanzas forman este libro.

María Elena Castellanos también es escritora de poesía y prosa, tiene cuentos infantiles, libros de poesía y poesía mística, así como libros de inspiración.

Otros libros de la autora:
• ¡Tú estás en el plan de Dios!
• Lucha por tu matrimonio y tu familia.

Contacto:
Twitter: @mujerplandeDios
Facebook: Mujer, ¡estás en el plan de Dios!
Correo: MujerestasenelplandeDios@gmail.com
Sitio Web: www.mariaelenacastellanos.com